心に従う勇者になれ

ジョン・キム
John Kim

日本実業出版社

はじめに

「日本人ほど、心優しい人はいない」。

これは、韓国で生まれ、19歳で日本に留学し、20歳で出会った日本人の妻と結婚し、日本の大学で10年間にわたって教鞭をとり、世界9カ国を渡り歩いてきた私が心から感じていることである。

しかし、日本人の優しさというのは、一貫して外に向けられたものであると感じている。他者に迷惑をかけないように振る舞うなど、他者に対しては優しく接する一方で、肝心の自分に対しては、決して優しくなどない。

我慢するのがとても上手で、自分の意思に蓋をするのも上手。自分の意思よりも他者の期待や視線を優先するあまり、自分を置き去りにし、自分の人生であるはずなのに、その指揮権を自ら手放しているようにも見える。そうしていくうちにいつの間にか、自分の頭で考えることができなくなり、自分の心で感じることも、自分の言葉で語ることもできなくなり、そして、自分の決断で行動する自由も奪われてしまう。

こんなにも心優しい人たちが、当の自分自身には優しくできていないこの現実を目の当たりにする度に、私はどうしようもないもどかしさを感じ、心が苦しくなる。

そもそも人生において、みんなに好かれる必要などない。それは、不可能であるだけではなく、そうしようとすればするほど、自分の大切なものが失われていくからだ。

そして、結果的に、大切な人や大切なことを蔑《ないがし》ろにしてしまうことにもなりかねない。嫌われても自分らしい表情をし、自分で考えた言葉を語り、自分で決めたことを実行すること。そういう確固たる自己信頼を持ち、一瞬足りとも人生の指揮権を手放さず、自分の心の声に従う「純度１００％の自分の人生」を生きることこそが大切ではないだろうか。


本書、『心に従う勇者になれ』は、自分の人生と真剣に向き合い、人生の指揮権を取り戻すために必要な心の姿勢を、「自己信頼」「成長」「人生」「失敗」「幸福」「自己防衛」「言動」「組織」「人間関係」という９つの観点から書き綴ったものである。

孤独の時間を作って徹底的に自分と向き合い、自分を深く知り、自分の心とつながるための指針を本書にまとめた。

人間は、生まれたこと自体が奇跡であり、それだけで選ばれた存在であり、愛される権利を有している。そうであるなら、自分に与えられた命を使って、なりたい自分になって、自分の見たい世界を自ら創っていけば良いのだ。自分の感情を殺しながら、我慢の連続を生きる人生は、今この瞬間から手放せば良い。昨日に縛られ、明日に怯えて、大切な一瞬一瞬を通り過ぎるのは、今日で終わりにしよう。

決まったレールを走る自分から、「絶対的な自己信頼」という、大きくて強靭な翼をつけて離陸し、青空に飛び立ち、高く優雅にそして自由に飛行する人生を手に入れよう。

この本を読んでくださったみなさんが、本当の意味での自立を手に入れ、自分の意思で自由に生きるようになれたら、著者として、これ以上、幸せなことはない。

2019年3月

ジョン・キム

心に従う勇者になれ　**目次**

第2章 成長

第3章 人生

第4章 失敗

第7章 言動

第8章 組織

第9章 人間関係Ⅰ

第10章 人間関係II

第1章

自己信頼

今日まで生きてきた、その1点だけでも誇りを持つに値する

1

生きることはそう簡単ではない。

もしかしたら、あなたは今、自分と誰かを比較して、劣等感を覚えたり、嫉妬を感じたりして、自分という存在をリスペクトする「自己信頼」が低い状態かもしれない。未来に対する希望も抱けず、自信を喪失して、落ち込んでいるのかもしれない。

しかし多くの場合、その自信のなさは、間違った自己認識からくる。

あなたは今まで、自分の問題も自分以外の問題も、「自分の問題」として受け止め、解決してきたのである。目まぐるしく起こる目の前の問題に頭を悩まし、苦悩の選択をし、勇気ある行動を起こすことで、「現在」という、過去と未来をつなぐ橋を毎日のように築いてきたのである。

それだけでも、あなたは自分自身に対して、信頼や誇りを持って良いのではないだろうか。言わばあなたは、過去から未来に渡るための「現在」という橋を、何度も何度も立派に建設してきた人生の素晴らしき建築家である。

まわりの目から解放されて、自分という存在と向き合い、自分自身をリスペクトすることこそが、人生においては何よりも大切なのだ。

2

自分の心に
全権を委ねた生き方であれば、
その生き方は常に正しい

他人に自分の人生の評価をさせてはならない。

他人の評価に左右されないことだ。

人生は、自分でしか作ることができず、自分でしか評価することができないもの。自分の人生を決定する権限を自ら持ち、どんな瞬間においても、それを手放さないこと。自分の判断がもたらす結果に対して、自分自身が全責任を負う決意を持つこと。目の前の時間はもう二度と戻ってはこない。今この瞬間を、深く刻み込むように生き尽くすこと。

たとえ失敗したとしても、自分を否定する必要はない。失敗したことを反省し、失敗からの教訓を、今日の成長や明日の成功の土台にすれば良い。その経験はやがて、失敗を犯した自分への感謝の気持ちに変わるから。

また、失敗した時に焦りや不安を感じて、もがき苦しむことは、自分の成長と真摯《しんし》に向き合い人生を真剣に生きている証拠でもある。

もがいている自分こそが正解だと思っても良い。

どんな瞬間においても自分自身を見放さない覚悟を持とう。

3

車酔いはいつだって、
他人にハンドルを委ねた時に起こる

みんな自由になりたいと思いながらも、実は自らその自由を放棄している。それは、「自由には、責任が伴う」という事実を正面から受け止めていないからだ。

自由とは、人生に関わる全てを自分の自由意志で決められる代わりに、それがもたらす最終的な結果への全責任を自分で負わなければならないということだ。

だから、人は無意識のうちに自由になることを恐れる。

しかし生きている限り、どんな瞬間も人生の指揮権を手放してはいけない。

自分の意思を持ち、自分の決断で行動して、その行動の結果に対して責任を取れる人生こそが素晴らしい。

車で酔ってしまうのは、他人が運転している時だ。

人生もハンドルを他人に委ねると、車酔いのように、気持ちが良くないものだ。自分の意思が希薄な状態となり、人生という旅の目的地、さらには自分の心構えすらも変質していく。

たとえ、今は運転が下手でも、ハンドルを手放さないことだ。

誰もが、人生という旅の初心者だが、自ら運転し続ければ、そのうち、慣れていくものである。

4

未完は、成長の余地がある証である

かつてあなたが夢描いていたことが、今は現実になっているように、あなたが想像しているものは、現実になりうる可能生を秘めている。

夢描いたことが全て現実になるとは限らず、夢が破れた時は自分の未熟さを痛感するかもしれない。しかし、自分の未熟さに気づくことは、自分の無知に気づくことと同じくらい、素晴らしい。自分の未熟さに気づかず、未熟なのに「成熟している」と思い込んだり、無知なのに「知っている」と勘違いしたりしないことだ。自分の未熟さや無知をごまかすことは、他者を騙《だま》し、自分を侮辱《ぶじょく》することと同じである。

未完成は人間の宿命で、だからこそ、人間は可愛げがあり、生きている限り、学びと成長を手に入れ続けることができる。未完成であることは、むしろ喜ぶべき成長へとつながる絶好のチャンスを得た状態である。

完成したものには、変化の可能性がない。神様がもし、人間をうらましいと思うことがあるのなら、それは「人間が未完成であること」ではないだろうか。完全なる神には、成長の余地がないが、未完の人間にはある。

未完の自分は美しい。そして、未完から完成に向かう自分はもっと美しい。

未完成という「可能性」を、好奇心と意思と創造力を使って、成長に変えていこう。

5

これからは、ずっと
やりたかったことだけを
やる人生を生きよう

心優しい人に限って、自分の心を蔑《ないがし》ろにして、まわりの人の期待に応えようと、がむしゃらに頑張ることが多い。

しかし、自分の人生は自分のもの。人生の指揮権は自分で持たないといけない。目的地を決めるのも自分であり、その目的地に向けて舵を取るのも、自分である。人間は、一人で生まれて、一人で旅立っていく。基本は一人なのである。

うまくいかないことがあっても、誰かの期待に応えようと頑張った過去の自分を全否定する必要はない。それはそれで、受け入れれば良い。また、過去の自分が今の自分から見て完璧ではないとしても、それを後悔し、苦しむ必要はない。その全ては、今を生きるための、これからの未来を生きるための糧《かて》になるものだから。目に見える全てのものから、生きる意味を見出し、生きる実感を得ることができるのだ。

人生はあなたが思っているほど、長くはない。それに最後の瞬間は、予告なくあっけなく訪れるかもしれないのだから、必要以上に怖がることなく、必要以上にためらうことなく、やりたいことを今すぐやれば良い。

今日という日は、誰かが生きたかった明日だと思って、今この瞬間に自分の命を刻むことだ。

6

自分の境界線を越えた時、新しい世界が見えてくる

分類や区別は、人間の思考を固定化する力を持っている。その分類や区別の線を「境界線」と呼ぶ。

境界線は人間の思考を制限する。その境界線は誰かの利益に紐づいて、恣意《しい》的に気まぐれに引かれている一つの線にすぎないが、その線を自ら越えていかないと、外にある新世界に出会えない。新しい世界への恐れよりも、新しい世界が自分に見せてくれる新しい景色に、それを味わった感覚に、ワクワクする自分でいよう。

もし、境界線を越えることにためらいがあるのなら、自分を過小評価しているのかもしれない。自分は、境界線の中に収まる小さな存在ではないと自覚せよ。境界線を越えた瞬間、あなたの後ろにあった境界線は消えていく。

この世の中を変えてきたのはいつだって、境界線を越え、「異端」と言われながらも、自分を信じ抜いて新しい地図と世界を描いた挑戦者たちである。社会が決めた境界線に縛られないことだ。たとえすぐに結果が出ないとしても、信念を貫き、努力を続けていけば、社会は、あなたが築いた新しい世界を受け入れてくれる。

あなたの人生にとって、誰かが引いた境界線が持つ意味など重要ではない。目の前にある境界線をどんどん越え、自分だけのボーダレスな世界で生きよう。

自分を信じ、疑え

7

自分を信じることも大切だが、時には客観的な視点を持つことも大切である。客観的な視点を持つためには、自分の意思と一定の距離をおいて、自分と世間を俯瞰《ふかん》して眺めてみることだ。

自分の信じることしか信じようとしない人は、一つの視点からしか物事を理解できない。しかし、人生は平面な絵画ではなく、立体的な彫刻である。正面からだけではなく、左右や後ろからなど、さまざまな方向や角度から眺めないと、真の全貌をつかむことはできない。

自分の思考や感覚を信じるとともに、異なる意見に対しても開かれたマインドを持つことも欠かせない。

人間は、自分が信じたいことを信じる傾向があり、特に「過去にそうだったから未来もそうであるはずなんだ」と思い込む。それが今の自分にとって都合が良いことであればなおさらである。

正しいことを信じるよりも、自分が信じたいことを信じようとする「思い込みの罠《わな》」にはまることなく、主観的な願望と客観的な事実が区別できる賢明さを持ちたい。

8

自己否定をするたびに、心の声は小さくなっていく

自信がないと、自分自身を否定し、蔑《ないがし》ろにしてしまう。心が何かを感じても、「そんなことを思ってはいけない」と頭の中で否定する。

心の声というのは、普段から耳を傾けることで、段々と鮮明に聞こえるようになる。しかし、無視したり、否定したりすると、その声はどんどん小さくなっていってしまい、最終的には自分の心の声であるのに、まったく聞こえなくなってしまう。

生きていく中で、目的地を決める時にも、目的地に進む道を決める時にも、最も重要な羅針盤は、他ならぬ自分自身の「心の声」である。

心の声に耳を傾け、それを鮮明に聞き取れる人は、迷いがなくなる。

自分の心の声をしっかり聞き取れるようになるためにも、外部からのノイズを遮断《しゃだん》した、自分だけの時間を定期的に持つことが大切である。

また、そうした時間を持つことで、自分の成熟度を高めることもできる。

一方で、孤独と向き合い、自分を成熟させることを怠けると、やがて漠然とした不安に取り憑《つ》かれた人生になってしまう。

自分と向き合える静かで孤独な時間を意識的に設けよう。

大切なことを守るために、
ノーを言える人になる

9

「夕食の誘いに対して、理由を言わずに断われる人こそが、真の自由人である」というフランスの小説家であるジュール・ルナールの言葉がある。

我々は「嫌われたくない」という一心で、ついつい他者からの要求に「イエス」と答えてしまいがちだ。しかし、そのイエスが、しばらくして自分の首を絞めることになった経験は、誰にでもあるのではないだろうか。

他者へのイエスが、自分へのノーにつながってしまうことは、生きているとしばしば起こる。

約束は安易にすべきではない。約束をする時は、慎重になるべきである。

他者の目を気にして意思決定を続けていると、自分の判断基準がどんどんわからなくなっていく。

約束を強いる他者の顔色よりも、まずその約束を果たさなければならない未来の自分の顔色のほうを伺ってみて欲しい。

10

みんなに好かれる必要などない

「真の自由は、他人に嫌われることを恐れていない時に訪れる」

というアドラー心理学の教えがある。

自分を嫌いな人がいる、ということは悲しむことではなく、自由に生きていることの証であり、自由に生きていくために支払わなければならない代価である、と捉えてはどうだろうか。

「誰かに喜ばれる自分」を演じることをやめることだ。みんなに好かれる必要なんてないのだ。

自己信頼を崩す最も強力なものは、「他者の目」である。

他者の視線を気にすれば気にするほど、自分を信じる力が失われていく。

特に自分がまだ未熟な場合、他者の目は、自分の未熟さを不安から恐怖へ変え、未熟さと冷静に向き合って成長する機会をも奪ってしまう。

嫌われても、自分らしい表情をして、自分で考えた言葉を語り、自分で決めたことを実行することで、人生の純度は限りなく１００％に近づいていくものである。

第2章

成長

「やる気がないから
始められない」のではなく、
「始めないから
やる気が起きない」のである

11

始めるまで、時間がかかりすぎる。始める前に、疲れてしまい、始められない。やる気が起きないことを、言い訳にして始められない。

これらのことは、多くの人が経験済みなのではないだろうか。

しかし、その原因と結果は、逆だと思ったほうが良い。

スタートさえ切ってしまえば、物事は進めやすくなるものだが、肝心のスタートを切ることが、安定志向の人にとっては高いハードルとなる。

スタートまでに必要なステップを極力少なくすることだ。

フライングをするくらいのつもりで、クヨクヨと悩んだりせずに、すぐスタートを切ったほうが良い。そうして中間地点まで行けば、目的地が見えてくるので、俄然《がぜん》やる気が湧いてくる。

人間には、「選択のバイアス」というものがある。自分が一度始めたことを、続けることで、選択した後悔を防ごうとする習性のことだ。

より軽やかにスタートを切って、「選択のバイアス」を目標達成にうまく活かして欲しい。くれぐれも、やる気の有無を「始められない言い訳」にしないように。

12

前向きな否定こそが、成長の土台となる

自分という存在には完全肯定を心がけながらも、自分の思考と言動には否定する勇気を持たないといけない。

前向きな自己否定はネガティブなことではない。全てを成長の糧にするための通過儀礼のようなものである。前向きな否定こそが、自分の成長を支える土台となる。

人間は、現状を肯定する傾向がある。それは自分の過去の選択が間違っていると思いたくないからだ。

しかし、変化のためには、前向きな自己否定が必要である。

前向きな自己否定とは、たとえば、成功体験を手放すこと。それが現状に留まる人と、頂上を更新できる人の違いである。成功体験という安全地帯は、未来の自分の可能性を制御する場所だと思って、今すぐその場を立ち去ることだ。

新しい世界は、挑戦によってのみもたらされる。逆に言えば、挑戦しなければ、新しい世界に出会うことはできない。

激変する社会の中で、変えるべきものと、変えてはいけないものを、見極め、変えるべきものを変える挑戦をし続ける人だけが、頂上を更新し続ける人になる。

常識は、天から降ってきた真理ではない

13

なぜ人間は、変わりたいのに変われないのか。「変わりたい」という思いを阻む正体は、自分の中にある常識である。常識とは、「世間」のものさしに従おうとする自分の価値観とも言える。

一見、常識に見えるものでも、実は現状を正当化するための思い込みにすぎない。思い込みは、自分の可能性を開花させるどころか、可能性に蓋《ふた》をし、自分を小さな世界に閉じ込める檻《おり》にすぎない。

常識が生み出される背景には、社会の多数決と権威がある。１００年前の常識は現在の常識ではないし、現在の常識は１００年後の常識ではない。つまり、常識は、状況依存的なもので、不変で普遍的な真理とは程遠いもの。

もしあなたが、現状に不満があって、違った未来を生きたいのなら、その現状を形作った常識に従おうとする「自分の価値観」を否定する必要がある。そうした勇気ある自己否定がない限り、人生を変えることはできないと認識せよ。

今ある価値観は、自分の人生の軌道を決定する司令塔のようなもの。

本気で人生を変えたければ、自分を常識から解き放ち、今までとは違った新しい価値観のインストールが必要である。

完璧な計画より、最初の一歩に価値がある

14

なぜ、人はなかなか行動を起こせないのだろうか。

その理由の一つは、計画の奴隷になるからだ。

本来、計画というのは、行動を促し、目標を達成しやすくするためにあるが、実際には、行動を先送りする「言い訳」として使われている場合が多い。

捉え方を誤ると、壮大な目標と長期的な計画は、行動することを阻む二大障壁になりかねない。

目標が壮大すぎると、どこから手をつければ良いか、わからなくなるもの。計画が長期的すぎると、「今すぐ行動を起こさなくても目標達成への支障は小さい」と、行動を起こさない自分を正当化しやすくなる。

計画を立てている間も、時間は刻一刻と過ぎていく。

完璧な計画を立てることよりも、最初の一歩を踏み出して、目の前のことに素早く取り掛かることを大切にしたい。

計画にばかり時間を奪われないように、今日できることを今すぐやる自分になろう。

まずは、中途半端を目指せ

15

「中途半端」という言葉には、ネガティブなイメージが強いが、「中途」という道半ばまで行ったこと自体は、賞賛に値するものである。

途中にすら行けず、スタートを切る前にあれこれ心配しすぎたせいで、そもそも歩き出すことすらできないことのほうが問題である。良いアイデアを思い浮かべる人は多くいるが、そのアイデアを形にするために行動を起こす人は、とても少ない。

新しいことへのスタートを、もっと軽やかに切れるようにしよう。

人生という旅は、ゴールが決まっているマラソンとは違い、途中で軌道修正がいくらでも効く。歩き出すことでしか、見えない景色があり、経験があり、出会いがある。そして、毎日のように我々の前にはスタートラインが引かれていることを忘れないことだ。

「新しい景色と経験と出会い」が、自分の人生を形作るかけがえのないものになったり、また次に進む道を教えてくれたりするものだ。

その景色と経験、出会いを感じるためにも、あれこれ考えすぎずに、まずは、中途半端を目指せ。

挑戦でしか、自分の世界は拡張できない

16

生きているものと死んでいるものの区別をどうつけるか。

その判断基準は、「変化の可能性があるか否か」だと思う。そうした視点で考えると、変化の可能性があるものは、生きているものであり、変化の可能性がないものは、死んだものと言える。変化は、どうなるかわからない不確実性をはらんでいるがゆえに、不安と恐れをもたらす。人間は、不安や恐れを避けたいので、安定をもたらす現状維持を本能的に選択する。

「挑戦」と「現状維持」が目の前にあるとしたら、ほとんどの人が現状維持を選択するはずだ。現状維持は、少なくともその瞬間においては、安定に見えるからだ。

しかし、その安定は、一時期的なものでしかない。

人生の究極の安定は、常に変化し続けることでしか、手に入らない。

変化に適応すると同時に、変化を引き起こす自分の人生の革新者になること。そして、人生における変化の方向を、自らの意思と決断と行動でコントロールできる人こそが、成長も幸せも手に入れられる。

現状維持や成功体験の奴隷にならずに、常に挑戦し続けよう。

人間は挑戦でしか自分の世界を拡張することができないのだから。

努力が楽しくなると、努力は夢中に変わる

17

努力は夢中に勝てない。

「やらなければならない」と心の中で少しでも思うと、それは義務になる。やりたいことよりも、やるべきことをこなしていく人生はどこか虚しい。

一方で、お金を払ってでもやりたいと思える好きなことならば、努力が苦にならないので、もはや努力が存在しない世界になる。それは、無邪気な子供が何かに熱中している時のような、無我夢中の完全集中状態と同じである。これは、「自己目的主義」と呼ばれる状態で、それをやること自体が目的になっている。

成果は、目指すものではあるが、その成果は、過程によってもたらされる。最初は目の前のことに全力でコミットし、そうした中で努力する過程を楽しめるようになると、努力が夢中に変わっていく。その結果、集中力や持続力が高まり、パフォーマンスが劇的に改善されるようになる。

努力が夢中に変わる瞬間は、一筋の光を見ることに似ている。

一度その光を見つければ、その光を見失わずに進むだけである。その光の先には、自分が望む未来が待っている。

18

すぐ出る結果には不安を覚えろ

一生懸命に努力しているのに、結果がなかなかついてこない時がある。そういう時こそ、焦ってはいけない。焦ると、不安が増幅され、やる気が失われ、挑戦自体を諦めてしまうことになりかねないからである。

しかし、種を蒔いてすぐ収穫できる作物や花がないように、「挑戦」という種が「結果」という実を結ぶには、一定の時間と継続した努力が必要である。努力と結果の間には必ずタイムラグが存在する、と自覚せよ。

努力したらすぐに出る結果は、大したものではないと思って良い。

本物の結果は、本物の努力の積み重ねからでしか生まれないのだから。努力することとは、孤独に耐えることでもあるが、孤独を恐れず、努力することを諦めなかった者でしか味わえない果実がある。

本物の結果は、正しい目的地に対して、毎日コツコツ地道な努力を積み重ねていくことでしか得ることができない。瞬間的な勢いを盲信するのではなく、毎日の継続した積み重ねこそが、確実に目的地へ到達するための秘訣であることを知ろう。

大事を成すには、時に苦悩に満ちた孤独な時間が必要であり、その時間があるからこそ、大きく確実に成長できることを忘れないで欲しい。

19

三流は一切頑張ろうとしない人、
二流はずっと頑張ろうとする人、
一流は頑張らない時がわかる人

「頑張るか」「頑張らないか」、その二つの選択肢だけで考えてはいけない。

何に対して頑張るのか、なぜ頑張るのか、いつ頑張るのか、どう頑張るのかを見極めることが大切である。自分が目指す目的地へとつながる方向に走らないと、目的地に到着することはできない。方向が間違っていると、頑張れば頑張るほど、目的地からは遠ざかってしまう。

目的とする島に向かって泳ぐことを想像して欲しい。それがまだ、海に出る前のプールなら、基礎体力や持久力を身につける練習ができ、泳げなくても溺れる心配がないので、頑張ること自体に意味がある。

しかし、一旦、海に出たら、自分が目指す島に向けて、迷うことなく泳いでいかないといけない。方向を間違ってしまうと、島には永遠に辿り着けない。

努力も同じである。頑張るかどうか以前に、何を、なぜ、いつ、どう頑張るかを自分で理解することが重要である。

一流の人たちは、頑張らなくても良い時を知っていて、力を抜くこと、リラックスすることがうまい。最速で最大の効果を発揮するために、自分の中の限られたリソースを最適配分することに長けている。

順調は衰退の始まりである

20

どんなに今が良くても、ずっと同じ状態が続くわけではない。

順調な時こそ、修行に励み、挑戦に挑み、次の展開への準備をしておくこと。

逆風が吹き荒れてからでは遅い。

一つのことに執着せずに、変化し続けることこそ、順調を長続きさせるコツである。

人間は、ある状態が続くと、それが当たり前になっていく。

順調が当たり前になると、感謝しなくなり、その状態を保つ努力、さらなる改善の工夫を怠けるようになる。

しかし、順調だけが続く人生はあり得ない。

順調な時こそ、逆風が吹く時に備えて、次の準備をしておかないと、逆風が吹いた時に、打つ手がなくなってしまう。

人間は、その命を終える瞬間まで、成熟し、成長することができる。

その宝のような権利を無駄にしないためにも、「順調こそが最大の危機」と捉え、常に気を引き締め、次に備えることだ。

第3章

人生

21

人生という旅は、焦って進んではいけない

焦った状態で選択すると、多くの場合、過ちの結果を招き、後悔の種を残すことになる。

目指す目的地に辿り着くためには、まずは目的地と、出発点となる自分の現在地を把握することが必須である。

まず目的地がわからなかったら、どこに走れば良いかがわからなくなり、結果的に身動きが取れなくなってしまう。

一方で、目的地をわかったつもりでいても、現在地が把握できていなければ、今どこにいて、どれくらい走れば目指す目的地に行けるかがわからない。

そうならないためにも、自分がどこを目指しているのかという目的地、そして今自分はどこにいるのかという現在地を、正しく知ることが大切である。

それができたら、目的地と現在地の間を、一本の線で結び、その線から大きく外れないように、随時、軌道修正しながら進んでいけば良い。

22

正解を選択するのではなく、
選択した道を正解にする

正しい道とは、正しい努力をして歩いてきた道のことを言う。

自分の選んだ道を信じられるかどうかは、自分が重ねてきた努力の量が決める。

大切なのは、自分の選んだ道を「正解につながる道だ」と信じられること。そして、それを正解にするために、最善の努力を積み重ねることである。

本当に怖いのは、自分では何も決められなくなることだ。自分を信じ、自分で決めて、前に進もう。

人生の正解は、選択した瞬間に決まるものではない。そして、正解は一つではなく、それぞれの正解に至る道も一つではない。正解は事前に決まっているものではなく、選択した後に、努力をして、その選択を正解に変えていくものである。

だから、どんな選択をしても、それが自分の心の声に従って辿り着いたもので、自分の成長の糧になるものであると思えたら、後は真っすぐに進むだけだ。

23

一つの道を選ぶとは、
ほかの道を諦めること

人生において、全てを手に入れることはできない。どんな選択にも、必ず犠牲が伴う。

何を獲得して、何を諦めて捨て去るか。その決断が人生を決める、と言っても過言ではない。

持って行くものに負けないくらい、置いて行くものを選ぶことが重要である。

山を登る時に、リュックサックの中に入れるものを厳選せずに、何もかも詰め込んでしまうと、登る速度は落ち、疲れは格段と増す。

その結果、頂上に登る前に、体力の限界がきてしまうのである。

人生においても同じだ。持って行くものは精査し、必要不可欠なものだけを持って行くようにせよ。

そのために必要なのが、決めて断つ、つまり決断である。

決断こそが、軽やかに目的地に到達するために必要なことである。

24

過去に縛られた人生ではなく、未来に導かれていく人生を生きよう

人生という旅において、道を選ぶ方法は二つある。

一つは、過去から歩いてきた延長線上の道を進むこと。

もう一つは、ありたい未来から現在に向けて引いた線の上にある道を進むこと。

両者の違いは、進む道を、「過去の自分が決めるのか」「未来の自分が決めるのか」ということである。


過去からの道がとても満たされた幸せなもので、これからも同じような景色の道を歩きたいと思うのであれば、過去から歩いてきた道の延長線上を歩けば良いと思う。

一方で、過去の自分とは違った新しい自分と出会いたいと思うのであれば、過去の自分に縛られるのではなく、ありたい未来の自分に導かれた道を歩んでいく生き方をすることだ。


今まで生きてきた自分も大切だが、これから生きていく自分のほうが大切である。

過去の自分が引いた線の延長線上ではなく、ありたい未来の自分が引いた線の上を歩く人生を生きよう。

25

人生は、
「退屈→欲望→不満→努力→結果→満足→退屈」
の繰り返しである

人間は気まぐれな生き物である。

安定を求めながらも、安定が続けば、刺激を求める。刺激を求めながらも、刺激が続けば、安定を求める。

そんな気まぐれな欲望に振り回されるのが人生というもののように思える。

ただし、ないものねだりをすることは、必ずしも悪いことではなく、人間の本性であり、人間の可愛いところでもあるから、悲観的に捉える必要はない。

私は、気まぐれな自分の欲望に振り回されないように、それを満たすライフスタイルを構築した。住む場所を定期的に移し、ヨーロッパでは孤独と沈黙の時間を、日本では社交と対話の時間を過ごすようにしている。

もちろん、自分の気まぐれな欲望を全面的に満たすために住む場所を変えることは、容易ではないので、旅に出たり、非日常的な場所へ出かけたりするだけでも良い。新しい場所や人、価値観に触れることで、今まで知らなかった自分の感覚に気づけたり、現状に感謝したりすることもできる。

自分の欲望のパターンを正確に把握した上で、それを満たすようなライフスタイルをデザインせよ。

人生の宝はいつだって、想定の外にある

26

人間は、想定内で安心し、想定外で不安になる。

人生では、定住と旅という二つの生き方を選べる。定住は、想定内で生きることを意味する。旅は、想定外で生きることを意味する。

安心感を得られる定住も良いが、旅を伴わない定住を続けると、同じシーンが繰返される退屈な映画のような人生になっていく。旅をすることで、狭い世界から抜け出すことができ、自分の中にある大切なものに気づくこともできる。

人生を変えるのは、予定調和よりも、自分では想定のできなかった偶然である。

旅は、偶然の連続をプレゼントしてくれる。

多くの人が、想定内にこだわり過ぎ、想定外を怖がり過ぎる。

むしろ想定外を日常にするくらいが良いのではないか。

自らの感性を揺さぶるために行動し、ボーダーを超える勇気を持つことだ。動いた分だけ、成長のきっかけをもたらす「成長の種」を蓄えることができる。

理想は、旅するように生き、生きるように旅することである。

27

正解が事前にわからないことが、挑戦を諦める理由になってはいけない

寄り道のない旅は、旅とは言わない。それは、ひたすらゴールのみを目指すレースのようなものに過ぎない。

旅において、目的地を決めるのは自分自身であり、目的地に到達するためのルールや道を決めるのも自分自身である。誰かが決めたルートに従うと、事前に旅の途中で起こることが全て予測できてしまい、偶然の出来事や出会いという、旅の醍醐味《だいごみ》がなくなってしまう。

意味ある偶然と呼ばれる「シンクロニシティ」は、前もって計画できるものではない。しかし、予測ができないと、不安が募る。その未来への不安を「可能性」と捉えて、希望に変え、ワクワクへと昇華《しょうか》させることができた時、人生は素晴らしい旅になっていく。

正解が事前にわからないなら、それを旅に出る理由にしよう。

正解がわからないことを、「言い訳」にするのではなく、それを追いかける「目的」にするマインドを持つことだ。多くの人は目の前に置かれた「正解のようなもの」に飛びつくが、それでは目的地に辿り着く前に、旅が終わってしまう。人生の正解は、旅をしながら獲得していくものであると捉えよう。

孤独とは自分との対話

28

孤立と孤独は、本質的に異なる。孤立とは、群れから離れてしまった鳥のようなものだ。群れの中にいたいのに、一匹になってしまった状態だ。一方、孤独とは、自ら群れを離れることを言う。それは全てのものから解放されて、自分として存在する時間、自分と向き合う時間を指す。孤独を恐れて、本質的ではない社交に走ってはいけない。孤独は、避けるべきものではないからだ。

孤独は自分との対話。

外部との対話を遮断した瞬間に、自分との対話が始まる。孤独は本質以外のモノ・コト・ヒトに対して、無関心でいられる自由な時間である。自分に自信が持てない時の孤独は不安をもたらす孤立に近い。大人になり、社会生活に奔走《ほんそう》していると、時間に追われ、集団の中にいる自分が当たり前になる。集団の中にいることに安心を覚え、自分と真正面から向き合う時間を確保することが段々と難しくなっていく。そうして忙殺されていく中で、自分の心を蔑ろにしてしまい、今やっていることさえ、何のためにやっているのかわからなくなってしまう。

答えはいつだって自分の中にある。その自分の中にある答えを探すためにも、自分と向き合う時間としての孤独を選択せよ。

29

「感情」は選択できないが、「感情的」は選択できる

「恋に落ちる」と決めて恋に落ちる人はいない。気づいた時は、恋に落ちているものだ。自分の意思ではどうしようもできない、衝動に近いものである。

感情もそれと似ている。基本的に、感情は選択できない。

一方で、「感情的」という怒ったり、泣いたりする感情の表し方は、理性でコントロールすることができる。つまり、ある感情を感じたことをきっかけに、感情的になりかけたら、理性で感情をしっかりコントロールするのだ。結局、感情的になった結果の責任は、理性という名の自分が負うことになるからだ。

自分が感情的になった時は、沈黙を心がけるか、できたらその場から離れる。そして時間を置く。感情的になった時には、極力、相手とのさらなるコミュニケーションは取らないほうが良い。どんどん傷口が広がる恐れがあるからだ。

自分の感情を理性的により深く理解するために、「感情日記」を書くことも良い。自らの感情を言葉で理解し、表すことで、その取り扱い方がわかるようになると、感情は暴れることなく、飼い主であるあなたを困らせないように利口になっていく。

感情を理性でコントロールできる境地を目指そう。

本質でないモノを捨て、
本質でないコトをやめ、
本質でないヒトから離れよう

30

ダビデ像を彫刻したミケランジェロが、ある人から「どのようにダビデ像を作ったのか」と聞かれた時、「私がダビデ像を作ったのではない。ダビデ像は大理石の中に最初から眠っていて、私が不要な部分を削ぎ落としたから、ダビデ像が現れた」と答えたそうだ。

人生も同じで、大切なものは自分の中に眠っている。不要な部分を削ぎ落として本質を生きるとは、真の自分という、大理石の中に眠っているダビデ像を掘り起こす作業なのではないだろうか。

人生は、言わば彫刻のようなものである。だからこそ、本質以外のものを削ぎ落とすこと。

その際に注意したいことがある。

そもそも本質を見極めることができなければ、不要な部分を削ぎ落とすこともできない。常に自分にとって大切な本質を見極め、それ以外のものを容赦なく徹底的に削ぎ落とすくらいの時間への厳しさ、命への緊張感を持つようにせよ。

いつ終わるかわからない限りあるこの命のかけらである自分の時間をかけてまで、自らが本当に関わりたいものは何かを自問せよ。

第4章

失敗

31

頭で生きる臆病者になるか、
心に従う勇者になるか

夢を描く時、自分の頭で考えることを優先させてはならない。

人生の目標を設定する時には、常に心を主にして、頭を従にすること。頭は心のしもべとして心の行きたいところへ届ける、腕の良い運転手であるべきだ。

頭は計算するが、心は共感する。

頭は過去の経験の友であるが、心は未来の冒険の友である。

頭は現状維持が好きだが、心は挑戦による変化を好む。

つまり頭は、「考える」「過去に目を向ける」「時に自己防衛の言い訳を考える」ことを得意とする。

心は、「感じる」「今この瞬間に集中する」「嘘をつかない」ことを得意とする。

頭で生きる臆病者と心に従う生きる勇者、どちらになりたいのかを自問しながら後悔のない人生を生きよう。

32

人生の素晴らしいところは、
試行錯誤しながら
目的地を目指せるところである

間違いを恐れる人間は、歩き出すこと自体を怖がる。目的地がはっきりしていて、目的地への道のりもわかっていて、さらに、目的地までの道が安全であると保証されていなければ、なかなか歩き出そうとしない。

しかし、人生に、最初から決められた目的地なんてない。

なぜなら、人生の目的地は途上にあり、歩きながら獲得していくものだからだ。だから、初めは暫定的な目的地でも良い。それはスタートする前に決められればベストだが、そうでない時は直感的に合っていそうな方向まで歩いてみると良い。そして、別れ道に突き当たるたびに、進むべき方向を考えれば良い。

もしあなたの知っている世界が狭いとするならば、そうやってもっと自由に軽やかに歩き回って、世界をもっと体験してみて欲しい。

土地は地図とは異なるものだ。つまり、地図やガイドブックを読んだだけでは、その土地のことを歩いたことにはならない。机上で旅をするのではなく、実際にその土地へ行って、自分の目と耳で旅をすることだ。旅といった実体験を通じて、体感し、体得する学びこそが、究極の学びである。

33

人生は、軌道修正で決まる

人生は一直線には進まないもの。

何かを選ぶたびに乗り換えが発生し、ルートが変わっていく。

その一方で、選択をすればするほど、自分だけのルートになっていく。そして最後は、誰も辿り着いたことのない自分だけの終着駅に辿り着ける。

だから、それが自分の選択であれば、どんな選択をしても良い。

人生は高速道路ではない。人生は一般道だから、目的地までの軌道修正は頻繁に行なわれる。言わば、人生は軌道修正勝負だ。

成功した人の人生を望遠鏡で眺めてみると、出発点から目的地まで、一直線に歩いてきたように見えるが、顕微鏡で見ると、一本の長い糸が複雑に絡み合っていることがわかる。

つまり、目的地へ向かう過程の中で、無数の軌道修正をした結果、目的地に到達できるのだ。軌道修正なしに目的地に辿り着くことは、人生においてはあり得ないのである。

34

全てを失っても
自分を失わなければ、
人生はいつでもやり直せる

生きていると、自分が望んでいないことが起こる時がある。たとえば、自分がミスをしたことで、自分だけではなく、周りの人にも迷惑をかけ、失望させることがある。

そんな時は、自分自身への信頼も揺らいでいくものだ。もちろん、ミスによって起こったことには、全力で対処しなければならないが、生きている限り、自分に対する絶対的な信頼は失ってはいけない。

確固たる自己信頼さえあれば、どんなことが起きても、顔を上げて、前を向いて、生きていける。他人を支配しようとせず、他人に支配されることもなく、心の声を聞き取り、心の声に従って、選択した道を、誇りを持って突き進んで行けば良い。

人生の価値は、どれだけ自分を信じられたかで決まる。自分という存在は、他者に侵《おか》されてはいけない絶対不可侵領域であることを忘れてはいけない。

そして、他者のためではなく自分のために、自らの信念を貫いた選択と行動をし続けることで、人生は自分のものになっていくのである。

35

失敗の橋をいくつも渡った先に、本物の成功が待っている

人生は学校のようなもので、成功という授業もあれば、失敗という授業もある。

短期的には失敗に見えるものでも、そこから教訓を導き出すことができれば、やがてその失敗は成功の土台になる。失敗しないに越したことはないが、いざ失敗した時は、それに微笑みかけるくらいの心の余裕を持ちたい。失敗をするかしないか、ではなく、失敗をした時の対応が、その人の人生を形作っていくからだ。

よく言われることだが、大きな成功を手にした人の共通点は、誰よりも多く失敗を経験してきたことである。言い換えれば、誰よりも挑戦してきたとも言える。挑戦の結果が、一見失敗に見えたとしても、絶望したり、無気力になったり、諦めたりすることなく、反省した上で教訓を見出して、大成功を導くための燃料にしてきたということである。

何かに挑戦する時は、失敗する可能性が5割はあると思ったほうが良い。

その程度の失敗する確率がある挑戦は、あなたの成長のスピードをぐんと高めてくれる。もし、失敗する可能性が1割程度しかない挑戦があるとしたら、それはあなたの成長に大した貢献をしない消化試合のようなものだ。

36

失敗より怖いのは、
失敗が怖くて
身動きがとれないことだ

失敗のない人生なんてあり得ない。

もしあなたが過去のある失敗のせいで、ずっと苦しんだり、後悔したり、自己嫌悪に陥ったりしているならば、今この瞬間に失敗のトラウマから自分を解き放とう。

人生は、ある意味、失敗の繰り返しで、それらの失敗があるからこそ、我々は人の痛みがわかり、誰かを支え、愛することができるのである。

失敗は挑戦したことの証。

成功が保証された挑戦なんてないのだから、失敗したこと自体が賞賛に値するものだと捉えよう。

失敗の可能性をゼロにするために、挑戦をゼロにすることのないように。

失敗を肯定する勇気を持ち、失敗しても挫《くじ》けない精神力を身につけ、短期的な失敗を長期的な成功の土台にしていく決意をせよ。

37

未来のチャンスを生む選択ならば、どんな失敗も自分の無力さも問題ではない

慣性とは、動いているものが慣れている軌道に戻ろうとする習性である。

これは人生を歩む道のりでも起こる。

たしかに、慣れない環境よりも、慣れている環境のほうが、安全に思えるだろう。

慣れない環境だと、適応するための努力をしなければならないし、自分では想定できないリスクがあるのも事実である。しかし、一見、危険に思えるそのリスクは、自分の可能性を開花させるスイッチにもなる。

過去の経験は参考の材料にはなるが、それが未来の自分の可能性を制限するほうに作用することもある。

私も多くの失敗をしてきたが、そのほとんどを覚えていない。色彩のない無機質な空間で、もがき苦しんだ感覚は覚えているが、失敗の経緯やその瞬間を鮮明に思い出すことはできない。それは、失敗が成功の糧となって今に活きているからだと思う。

過去は変えることができない不可抗力の領域だが、未来はいつだって自分で選べる。勝たせるべき相手は、過去の自分ではなく、未来の自分なのである。

失敗だと思ったことを、「あれは成功のための経験だった」と思える選択を積み重ねよう。

38

気持ちを切り替えた先に、美しい景色が待っている

二つの道が同時に用意されているとする。

願いが叶った道と願いが叶わなかった道。瞬間的には、もちろん、願いが叶った道が嬉しい道で、願いが叶わなかった道は苦しい道になる。

一方で、長期的に見ると、どちらの道にも、それぞれの「展開」がある。

何かが思い通りにいかない時、我々はあたかも世界が終わったかのように感じ、絶望に陥ることがある。

しかし、生きている限り、本当の意味での絶望は訪れない。どんな状況でも、道は必ず用意されている。そして、一見、苦しそうに見える道のほうが、後になってみたら、収穫の大きい道だったりもする。

そもそも、生まれたときは、ゼロの状態である。

だから、願いが叶わなくても失うものは何もない。ただ、初心に戻るだけのこと。

そう思えば、どんな状態でも、気持ちを切り替えることができる。あとは、過去の失敗を未来の成功だと思えるように、現在の行動を積み重ねれば良いだけだ。

人生は、
少しつまずくくらいがちょうど良い

39

やる気はあるのに目標が見つからなくて動けないこともあれば、目標は見つかったのにそれに至る道が見えなくて身動きがとれないこともある。

そういう時は、焦らずじっと待つことも大事である。あまり完璧に生きようとすると、生きることが窮屈《きゅうくつ》になり、心に余裕が持てなくなる。

そうすると、人に優しくできなくなったり、感謝の気持ちを忘れたり、大切なご縁があっても気づけなくて通り過ぎてしまったりもする。

うまくいかず、つまずいたと思っても、とにかく焦らないことだ。

そのつまずきには必ず意味があるから。

つまずくことで初めて見えてくるものがある。そして、それは生きる上でとても大切なことだったりする。

つまずいた時は、自分が今目指しているゴールが本当に目指すに値するゴールなのかどうかを、初心に戻って再検証するための良い機会にすると良い。

遠くの目的地だけではなく、足元もしっかり見ながら、一歩ずつ丁寧に、そして力強く踏み出していこう。

今日の自分は、明日の自分の下描きである

40

湧き上がってくる感情は、本当に今の自分に必要なものなのか。たとえば、何か恐れているとしたら、本当に恐れるに値することなのか。

湧き上がる感情に対して常に自問して欲しい。

今という瞬間、今日という日は二度と訪れない。そして、それらの積み重ねが明日となり、我々の人生を作っていく。追いかける価値がないものを追いかけていては、人生が自分に必要ないものばかりで形作られてしまう。

人生を豊かにするために、欲望や執着の囚人になるのではなく、すでに持っているものを大切にする自分でいよう。現実と豊かさを大事にしながらも、夢と自由を追い求め続ける自分でいよう。

たとえそれが苦境の時間でも、その道が完成への道だと捉え、苦境の中でも成長や幸福を見出せる自分でいたい。

今日の自分は明日の自分の下描きだと考え、今日できる最善の努力を携えて、明日への夢を実現する自分でいよう。

第5章

幸福

41

幸福は、時に「不安と苦しみ」という仮面をかぶって訪れる

人生は不安と苦しみの連続のようなものである。

以前の私は、この世で唯一確かなものは、不安と苦しみだけだと思っていた。希望と喜びは、想像が作り出す蜃気楼《しんきろう》のようなものに過ぎず、現実はいつも苦しみが主役だった。誰の人生にもそういう時期があるだろう。ピュアで、人生と向き合う覚悟がある人ほど、大きな苦難とぶつかり、もがき苦しむことになる。

でも心配はいらない。目の前にある状況に対して、自分ではコントロールできない「不可抗力」とコントロールできる「可抗力」を明確に線引きし、前者は受け入れ、後者に全力を尽くすこと。そうすれば、霧は晴れる。

加えて、時間をかけて努力を積み重ね、自分を成長させることで、不可抗力の領域を減らしていき、可抗力の領域を拡大していくことを心がけよう。

不安と苦しみは、人生という脚本に必要なスパイスのようなものである。

人生を最初から理想的な状態でスタートダッシュできる人はそういない。

能天気な楽天主義から抜け出す必要はあるが、不安や苦しみの中でも、いや、不安や苦しみの中だからこそ、挑戦し、努力することで、自分にとっての理想を獲得していく主体的な生き方を実践せよ。

迷ったら、「自分を愛せる道」を選ぼう

42

今あなたが人生に迷っているなら、「自分を愛せる道」を選ぶことだ。自分を愛することを放棄してまで、守らなければならないものはない。自分を愛することに理由や条件をつけないことだ。尊い自分への盲目的な愛を今この瞬間から決心すれば良い。

本当の自分でいる状態とは、自然体でいられる状態である。

それは、心が常に穏やかで、何が起きても平常心でいられる境地だ。その境地にあれば、意思がぶれず、感情が乱れずに過ごせる。常に素直な気持ちでいられるので、自分だけではなく、周りの人にも優しく接することができる。まわりの目や他人の評価からも解放されて、常に自分のものさしで物事を評価できる。

もし選択に迷ったら、それぞれの道の途中に立っている自分を想像してみよう。どちらの道を選べば自分は満たされ、笑顔で、生き生きしているのか、自然体でいられるのか。暗い苦しい顔で、やりたくないことをやらざるを得ないのか。

迷った時の選択は、未来の自分のその顔の表情だけで、決めれば良い。

起きたことへの意味づけが、その人の幸福度を決める

43

人生には、何が起こるかわからない。予想通りのことばかりでなく、時に予期せぬことも起こる。

何か問題が起こると、感情は、波のように揺れ動く。

一方で、人間には「内面」にある深海のような静謐《せいひつ》な感情も存在する。問題が起こったとき、波のような荒れた感情ではなく、深海のような静謐な感情でいよう。

何より人生で起こる全てに無駄などはない。そこには必ず意味がある。しかし、その意味というのは、むき出しでそのまま見えているわけではなく、その隠れた意味を見つけ出し、自身の成長につなげられる人だけが、運命の女神を味方につけ、人生を自分のものにすることができる。

出来事は不可抗力だが、意味づけは可抗力であり、意味づけの能力さえあれば、どんな出来事でも幸せの種に変えていくことができる。

自分を取り巻く「外」のことはすぐに変えることはできないが、自分の「内」、内面は今この瞬間から変えることができる。

人生を幸福な景色に変えるきっかけは、内なる意味づけにあると心得よ。

44

「苦しい人生」と「楽しい人生」、どちらも自分で選択できる

人生で起こる出来事は、料理にたとえられる。幸福につながりそうな出来事でも、不幸につながりそうな出来事でも、その原材料は、実は同じだったりするからだ。

人生の料理人である自分の腕次第で幸福にも不幸にもできるということだ。同じ材料でも料理人の腕次第で、絶品料理に仕上げることもできれば、まずい料理になってしまうこともあるように。

両者を分けるのは、材料の活かし方である。「活かし方」をもっとストレートに言えば、起こった出来事に対する意味づけだ。運命ではなく、運命に対する我々の解釈であり、運命に左右されない自己を作るための意志と実践である。

人生における日常の出来事は、ほとんどが不可抗力なもの。「不可抗力」的に起こる出来事を「運命」と呼んでも良いが、それに対して、あなたがどう受け止め、どう解釈し、どう人生に活かしていくかによって、その出来事があなたの人生にもたらす意味が異なってくる。

運命の女神のいたずらとも思える辛い出来事でも、自分の解釈と意味づけによって、成長と幸せに変えていくことができると信じよう。

45

不幸は感じやすく、
幸福は気づきにくい

不幸の特徴として、自分が気づこうとしなくても否応なく感じさせるところがある。

しかし幸福は、こちらが気づこうと努力をしないと感じることのできないものである。

たとえば、親しい人が亡くなった時、当たり前のように過ごしてきた何気ない日々が、もう後戻りのできない夢のような幸福であったと思えてくる。それは「いつか」必ず訪れる。

そして、その「いつか」がいつ訪れるかは誰にもわからず、たとえそれが明日であっても、まったく不思議ではない。それが人生の残酷なところだ。

幸福は目指すものではなくて、「今自分が手にしているもの」に気づき、それに、感謝の気持ちを抱いた瞬間に訪れるものであることを忘れないことだ。

46

我々は、ないものを過大評価し、あるものを過小評価する

欲望というのは、満たされにくいがゆえに、たやすく消えることがない。今、あなたが抱えている欲望は、完全に満たされた瞬間になくなる。長年思い続けた切実な欲望であっても、一旦、叶ってしまうと、欲を追い求めた原動力である渇望感が失われる。その時、欲望は消えていく。自分のものになった喜びを感じつつも、「次なる叶わぬものを自分のものにしたい」という新たな欲望が生まれる。

自分が心から欲しかったものを手に入れた時の喜びや感動は、並々ならぬものではあるが、手に入れてからもずっとそれを大切にしているか、と問われると、自信を持って「イエス」と答えられる人は多くないのではないだろうか。

欲望を追いかけることに夢中になるあまり、すでに叶ったものは当たり前のものとなって、その価値に気づかないことが多々ある。しかし、それをいざ失った時、はじめてその価値の大きさを痛感するようになる。今、手にしている大切なものの価値を、喪失によって気づかされることのないように、自らその価値に気づき、感謝の気持ちを抱くことだ。幸せな人とは、ないものへの憧れや不満ではなく、あるものへの気づきや感謝を抱く人である。

本当に欲しいものは、「感謝」して初めて手に入る

47

幸せな人とそうではない人を分ける分岐点となる姿勢の一つに、「今あるものに感謝できるかどうか」がある。

感謝の気持ちが希薄な人は、ないものねだりをするもので、自分が持っているものには目を向けず、持っていないものにこだわる。そのため、常に欠乏感を抱えている。そういう人は、欲望の奴隷になっていく。

しかし、本当の問題は、その欲望が本質的なものではなく、表面的なものであるということだ。たとえば快楽がそうであるが、表面的な欲望は、長続きしない。しかも、無限に膨張していく性質がある。そのような表面的な欲望に振り回されすぎると、周りからの信頼を失い、不幸で孤立した人生を送る羽目になる。

一方で、本質的な欲望は、「成長したい」「学びたい」といった人生を豊かにする欲望である。それは濃密な蜂蜜のように、少量でも長い間、吟味し、楽しむことができる。だから、本質的なものを見極め、本質だけを追求することを心がけることだ。

表面的な欲望の奴隷になることなく、本質に囲まれた豊かな人生を送ろう。

鵜呑みにしない

48

どんなに栄養満点の料理でも、よく噛んで飲み込まないと、身体のためにならない。それと同じように、どれほど有能な人からアドバイスをもらったとしても、どれほどの賢者が書いた素晴らしい本を読んだとしても、ただ言われた通り、書かれた通りに実践するだけでは自分の身にはならない。

また、「理解した」だけで満足してしまうことも危険である。大切なことは、理解を前提として、その内容を自分の中で吟味し、自分なりの意味づけや解釈を与えることだ。どんな時も、一度、自分のフィルターを通すことが大切である。

そうすることで、考える力を育んだり、新しい自分の意思を見出したりすることができる。

ここまでして初めて、他者からのアドバイスが自らの血肉となっていく。

他者のアドバイスを絶対に鵜呑みにしないという決意を持ち、自分で吟味、解釈するようにすれば、本当の自分の人生が始まる。

運命は、敵の仮面をかぶった味方である

49

人生がしばしば航海にたとえられるのは、穏やかな時もあれば、大波や荒波に巻き込まれる時もあるからだろう。

嵐がなく、凪《なぎ》の海でしか航海したことのない船乗りは脆弱《ぜいじゃく》だ。

人生という航海に出たからには、嵐を耐え抜かないといけないし、その耐え抜いた先に待っているのは、逆風さえも順風に変えられる老練な船乗りとなった自分である。

人生という航海で起こる嵐は、「運命」と言っても良い。運命は、予期せず起こって私たちを振り回すこともあるので、一見、私たちの人生を邪魔するものに思える。

しかし、人は運命に苦しめられるが、その運命に鍛えられることで、いずれ運命に負けない境地まで自らの力を引き上げられる。

運命に不満をこぼしてはならない。

運命を受け止め、運命に流されない力を身につけよう。

自分の心とつながる

50

自分の心とつながるということは、本来望む自分の姿とつながるということである。

望む自分の姿とつながるということは、自分の夢とつながるということである。

自分の夢とつながるということは、自分の未来とつながるということである。

自分の未来とつながるということは、自分の使命とつながるということである。

自分の使命とつながった人は、今やるべきことをわかっている。

だから、生きる上で、迷ったり、ぶれたりしない。

心とつながり、本来望む自分の姿とつながり、夢とつながり、未来とつながり、使命とつながる。その全ての起点が、自分の心とつながることである。

心と未来を結びつけるのが「夢」である。

夢はありたい自分であり、夢は生きているうちに、成し遂げたいことである。

夢が大切なのは、それが自分の視線を未来に向けさせるからである。

第6章

自己防衛

自分にとっての理不尽は、他人にとっては合理である

51

この世界、全てのことは、ある人たちにとってはどうでも良いことでも、他の人たちにとってはどうでも良くはないことだったりする。

自分の基準で他人の道を安易に断定したり、否定したりしないことだ。他者を自分の目線だけで、評価することを控えることだ。自分の目線で相手を断定できるほど、自分は相手のことを知らないことがほとんどだからである。同じように、他者も自分のことを評価できるほど、十分に自分について知らないことがほとんどである。

それぞれがそれぞれのものさしで世界を見ているのだから、「同じになろう」とするのではなく、差異は差異のまま受け止めよう。年齢、性別、人種、職業などの違いを超えて、一人ひとりの人間として向き合い、類似性を見出す、という姿勢でいてはどうだろうか。そうして他者への感受性や理解を深めていけば、自分の視野が広がり、新しい世界にも出会いやすくなる。

自分にとっての理不尽は、他人にとっての合理である。それを心得ていると、相手と張り合うことなく、その人を受け入れられるようになる。

家族に正義を押しつけない

52

家族、中でも親と接する上で大事なのは、論理や理屈を押しつけないことである。あなたがまだ小さかった頃、人前でわんわん泣き叫んで、親をたくさん困らせてきたはずだ。それでも、親はあなたのミスやわがままを受け入れ、微笑みながら面倒をみてくれた。

他者との人間関係もそうだが、特に家族関係においても、どちらが「正しい」「正しくない」で争うのではなく、これまでに注いでもらった愛情に目を向けることで、新たな気づきや優しさのある言動が芽生える。

親だって完璧な存在ではない。子供というのは、親が完璧であることを勝手に期待してしまうものだが、親も一人の人間。当然ながら、あなたと同じように不完全で未熟な部分がある。愛があっても、その表現方法が不器用なこともある。

確かなのは、親というものは、この世の誰よりも、自分の子どもを必死に守ろうと頑張ってきた感謝すべき尊い存在であることだ。

家族には、寛容さを持ち、感謝の気持ちと優しい心で接しよう。

「許せるか、許せないか」ではなく、「許すか、許さないか」で考える

53

「許せない」と思うのは、心の底に怒りが溜まっているからである。

自分で処理しきれない感情があると、人は許すことをためらってしまう。

相手を許せないのは、「その人のせいで自分が不幸になった」という被害者意識を持ってしまうからだ。そうなると、謝って欲しくなったり、許しを求めにきて欲しくなったりする。

しかし、他人の言動はコントロールできないので、自分の中で許せない気持ちだけが積もっていく。許せない気持ちは、人をネガティブな感情で支配し、人生に大きな打撃を与えるものだ。

では、そういう時に、どうすれば良いか。答えはすごくシンプル。潔く許してしまえば良い。

多くの人は、怒りの感情を抱いた相手を「許せるか」「許せないか」という判断基準で考えがちだ。

しかしそうではなくて、「許すか」「許さないか」という選択で考えることが重要である。なぜなら、そのほうが状況に左右されることなく、主体的に判断することができるからである。

自分のために、許しを選択せよ

54

もある。

「許し」を勧める理由は、相手のためだけではなく、自分の心の平安を保つためである。

いつまでも怒りの感情を抱えていると、心が乱れて疲弊してしまう。穏やかさや落ち着きを取り戻すには、許すことが何よりも大切なのである。

許したからといって、相手が変わるわけではないが、許さないからといって、相手が変わるわけでもない。あなたの心が疲弊するくらいなら、許したほうが良い。

許しが持つ力は、強力である。許すことは、自分の心をきれいにすることであり、現在の状況を受け入れることであり、相手の過ちに対して寛大になることである。そうすることで、心がひとまわり大きく成長した自分にも出会える。

一方で、「許せない」という感情を抱えていると、他人を許せないだけではなく、心が狭い自分のことも許せなくなってしまう。そして消化できない怒りが、あなたの気力と体力を奪いかねない。

苦しみの悪循環に陥らないためにも、我々は許しを選択すべきなのである。

人間というのは、基本的にナルシスト

55

誰もが自分のことが一番大事。きれいごと抜きにもっと言ってしまえば、他人のことには興味がなく、自分に影響を及ぼす時だけ、他人のことを気にする人が少なくない。

この本を読んでいるあなたも、他人のために読んでいるというよりは、まずは自分自身のために読んでいるのではないだろうか。

人間というのは、基本的にナルシストだと言える。誰もが自分の話を聞いて欲しいと思うが、相手の話はなかなか聞こうとしない。みんなが聞く耳を持たず、みんなが同時に喋っている状況が、今我々が生きている人間社会の笑えない実態である。

相手の話を適当に聞いて、適当にアドバイスする人もいるので、他者の言葉を鵜呑みにせず、自分で一度、咀嚼《そしゃく》しよう。

自分の問題を自分事で捉えることは、実は多くの人ができていない。今、あなたの注意が他者へ向いているのだとしたら、その注意を自分に向けるように。そうすれば、自分の問題を自分で考えることができる。

そして、自分にしか関心がない人が多いこの世の中では、耳を傾ける相手やあなたが心から信頼を寄せる相手を、細心の注意を払って、慎重に選ぶことである。

56

他者はあなたが思っているほど、あなたのことを気にはしてはくれない

他者の自分に対する眼差しや評価は、時として「気まぐれ」であることを知っておいたほうが良い。

幸か不幸か、他者はあなたが思っているほど、あなたのことを気にしてはくれない。他者の視線は気になるかもしれないが、実はあなたをそれほど見ていないことはよくあることだ。その事実を知れば、他者の言動にいちいち反応する必要も、がっかりする必要もない。

相手があなたにどういう視線を向けようと、どういう評価をしようと、それは相手自身の問題である。また、議論をするに値しない相手との対話は、自分の賢さを相手の精神レベルにまで下げる行為となる。さらに、そのような相手は、勝手に劣等感を抱いたり、あなたの発言を誤解して受け取ったりする場合もある。「賢者《けんじゃ》が愚者《ぐしゃ》と議論すれば、二人とも愚かな海へ沈んでいく」というゲーテの言葉もあるくらいだ。

つまらない他者に対する意識で、自分の精神を消耗させてはいけない。

相手の気まぐれな自由意志を尊重する器を持つと同時に、それにいちいち揺さぶられない確固たる自己信頼を持つことが必要なのである。

いちいち説明する必要はない

57

あなたを大切に思っている人に、あなたの決意や行動をいちいち説明する必要はない。承認を得る必要も、もちろんない。そういう人たちは説明しなくても、あなたの意図をわかってくれるはずだから。

そういう人たちが求めるのは、ただ一つ。

あなたがあなた自身を大切にしながら、あなたの信念を貫く選択と行動をすること、それだけなのである。その信念の具体的な内容は重要ではない。それが、あなたが真剣に導き出した選択と行動であるのなら。

一方で、あなたを大切に思っていない人に対しても、あなたの決意や行動を説明する必要はない。そういう人たちは、あなたの信念を心から理解しようとは思っておらず、時にあなたの挑戦や成長を嫉妬ややっかみの材料にしてしまうからだ。

いずれにしても、人生の決断は誰にも説明する必要はないのである。

あなたの人生の指揮権はあなた自身にあり、どんな瞬間においても、その指揮権を手放してはならない。そして、あなたを大切に思ってくれる人たちのためにできる最善のことは、あなたがあなた自身を大切にしながら生きることだ。

それこそが、大切な人たちへの恩返しである。

「支配されている」と感じる時は、自分が相手に「支配権」を与えている

58

「支配されている」と感じる時、その感覚は相手の存在がきっかけではあるが、その感覚を生み出しているのは、実は自分自身である。

つまり、「支配されている」という苦しみの原因は、半分は相手の存在やその言動にあるが、残りの半分は自分の想像であり、自分の解釈である。自分が思っているほど、相手は自分に対する支配力を持っていないことも少なくない。

自分の意識を変えれば、恐怖や苦しみは消えていく。

恐怖の正体は、実は自分の想像力であり、その恐怖を克服するための武器もまた、自分の想像力であることに気づこう。問題を引き起こす原因も、問題を解決するための解決法も、自分の中にあるのである。

相手に支配権を与えているのは、他の誰でもない自分自身である。

裏を返せば、自分が相手に支配権を与えなければ、相手が自分を支配することはできない。

相手に力を与えないことで、力は自分の中に温存することができ、支配者からも精神的に独立できる。

人間関係の問題に直面したら、常に「誰の問題か」を意識せよ

59

自分の問題と他者の問題を取り違えると、人は余計に苦しみ、人生は辛いものになる。

自分の問題（課題）だとしたら、責任を放棄・転嫁しないようにすること。そして、他者の問題（課題）だとしたら、問題解決の横取りをしたり、他者がその問題と向き合い、解決策を発見するチャンスを奪ったりすることのないようにせよ。

他者の問題であれば、まず相手のことを信頼することだ。問題を発見する能力も問題を解決する能力も、相手の中に内在していることに気づくよう、励ましてあげよう。

言葉には、潜在能力を引き出す力も、打ち消す力もある。そのことを認識し、相手に言葉をかける時には、十分慎重になることを心がけよう。

同時に、相手からかけられた言葉の中で、自分が受け取る言葉も慎重に取捨選択すべきである。

自分と他者の問題を区別し、自分の問題は自分で責任を取り、他者の問題は他者に委ねる分別を持ちたい。

真の友は、あなたの内面に土足で踏み込まない

60

いくら「相手のため」という目的が善意で正しいからといって、相手に対するどんな行為（手段）も正当化されるわけではない。

たとえば、「相手のためだから」、と押しつけがましいアドバイスをするのは、ほとんどの場合、相手のためにはならないものだ。

目的と手段をはき違えてはいけない。「相手のため」という思いやりにあふれた目的を達成するために、今、相手に何が必要かを考える。その結果、相手の精神が一番自由でいられる手段を選択する人こそが、真の友である。

それゆえ、本当にあなたを大切に思っている人は、あなたと一定の距離を保ちながら常に温かく見守ってくれる太陽のような人である。

そういう人たちは決して、あなたの内面に土足で踏み込んだりはしない。そっと寄り添うだけ。

あなたを縛りつける存在にならないように、あなたが解き放たれた状態でいられるように、どんな時もあなたの自立をうながす配慮を忘れない人たちである。

第7章

言動

みんなに好かれる必要はない

61

あなたは、今まで誰かの期待に応えるために精一杯頑張ってきたはずだ。もしそうであれば、それはもうここまでで十分である。

そろそろ自分の生きたいように生きて良いのではないか。

いい加減な自分も、失敗した自分も、この際、全て許してあげよう。

そしてこれからは、ずっとやりたかったことだけをやる人生を生きよう。

どんなに自分が良かれと思ってした行動でも、その行動が「全員から賞賛を浴びる」ということは期待しないほうが良い。

誰かのために一生懸命に頑張っている時に、その行動をよく思わなかったり、批判したりする人が出てくる可能性は十分ある。

それでも、気にせずにあなたの心の声に従って選んだ、あなたの道を進んでいけば良い。

全ての人に愛されようとして、本来の自分が進むべき道を見失わないように。

心にないことは言わない

62

しばしば、相手の機嫌をとるために、または自分自身がイライラしないようにするために、つい心にないことを言ってしまうことがある。

これは自己信頼においても、人間関係においても、良いことではないので、気づいた瞬間、本気で直したほうが良い。

たとえば、人に何かを伝える前に、「これは本当に私が言わなければいけないことなのか」と冷静に検証してみると良いだろう。心から「本質的である」と思うこと以外は、口にしないと誓うのだ。

無駄が一切ない言葉と自らの意思による沈黙は、自分を大切にしていることでもある。心にないことを言わないということは、自分にも相手にも嘘をつかないこととも言える。

そうすることによって、自分が発する言葉の一つひとつの重みも劇的に変わる。言葉の価値として、量は重要ではない。大切なのは、重さである。

心にないことを言わないことを徹底していくと、表面的な言葉を発することがなくなり、自分の口から発せられる全ての言葉は、無駄が削ぎ落とされた美しい彫刻作品のように本質的なものだけになっていく。

話す時は言葉に想いを乗せ、
聞く時は言葉に乗っている
相手の想いを受け取るように

63

言葉はエネルギーである。

言葉が「愛の使者」として使われる場合は、暗闇の中で苦しんでいる人を照らす光になる。

一方、言葉が「憎しみの使者」として使われる場合は、人を傷つけるナイフになってしまう。

言葉は、伝えたい何かを伝える有効な手段であることに間違いはないが、とはいえ、自分の思いを必ずしも完全な形で言葉に落とし込めるわけではない。

従って我々は、言葉の可能性に加え、言葉の不完全さも、認識する必要がある。

言葉を送り出す時は言葉に想いを乗せ、言葉を受け取る時は言葉に乗せられている相手の想いまでをも受け取ろうとする、言葉への高い感度を持ちたい。

そして、愛の言葉を自分が受け取ることで生きる力をもらい、愛の言葉を相手に与えることで生きる力を与えるようになりたい。

64

言葉の説得力は、量・速度・長さに反比例する

良きもの、短ければ二倍よし。

このように、言葉を発する際は、常に簡潔さを心がけたい。

二度考えて一度語ること。語る量・速度・長さと、言葉の説得力は反比例するもの。語る言葉を減らし、語る速度を遅らせ、語る時間を短くせよ。

何事も、最小限にした時に、その本質が姿を現わす。

理想は、二倍深い意味を、半分の短い言葉で、二倍ゆっくり、二倍美しく語ることである。

そして、誰でも言えるようなことは、自分から発しないこと。

そうすることで、自分の言葉の存在価値が際立つようにもなり、他者はあなたの言葉により耳を傾けるようになる。

言葉は足し算ではなく、引き算で組み立てる

65

言葉は、その本質度が高い時に、聞き手の心の深いところに刺さる。難しい言葉を使ったからといって、深い考えが伝わるわけではない。

何よりも、言葉は足し算ではなく、引き算で組み立てるもの。そうすれば、言葉には無駄がなくなり、言葉が持つ本質度が高まっていく。

話す内容の本質を追求し、表現には魂を刻み込むように言葉を発すること。

伝えたいことが本当にわかっているのであれば、中学生でもわかるような言葉を使って説明することができるはずだ。言葉が難しくなるということは、言いたいことの本質がわかっていないか、それともかっこつけているのかのどちらである。

そして、「伝えた」という自己満足よりも、「伝わったか」という相手目線まで心がけた対話をすることだ。

相手が受け取りやすいように、極力、わかりやすい言葉で、簡潔に相手に伝えることで、言葉は自分と相手をつなぐ尊い掛け橋になっていくのである。

新しい人との出会いは、新しい師との出会いである

66

新しい人と会う時、あなたはどういう姿勢を心がけているだろうか。

もしかしたら新しく出会うその人は、あなたより知識がないかもしれない。あなたより社会的な地位が高くないかもしれない。ただ、その人が今まであなたと違った人生を生きてきたことだけはたしかである。

目の前の人を、あたかも自分の師であると思って、どんな時も、学びの姿勢でその人と接するようにしよう。そうすれば、その人から「生きるヒント」をもらえるかもしれない。

そこで、自分が語ることは極力抑えて、相手の話を傾聴し、相手に質問をするようにせよ。真の学びは、質問と傾聴から生まれるということを忘れないこと。「今日はこの人から何を学べるのか」という視点で、ワクワクしながら、学びの姿勢を徹底すると、その人との対話は充実したものになっていくはずだ。

その人が今まで生きてきた中で培ってきた経験と知性を体感したり、教えてもらえたりできる贅沢さを実感できるようになる。

必要なのは、「話し合い」ではなく、「聞き合い」である

67

誰もが、自分の話を聞いて欲しいと思っている。自分のことを理解して欲しいと思っている。自分のことを信じて欲しいと思っている。

それは悪いことではない。むしろ、それは人間としての可愛らしい欲求でもある。生きている限り、誰もが「存在の不安」を抱く。自分を認めて欲しいという、その承認欲求こそが、この社会で生きる自分の価値を証明してくれているように思えるからである。

しかし、みんなが自分の話を聞いて欲しいという思いが強くなりすぎたら、どうなるだろうか。誰も相手の話に耳を傾けようとしなくなるだろう。

そんなふうにならないためにも、あなたが相手の話を聞いて、理解して、信じてあげられるスポットライトのような人になれたなら、あなたと関わっている人は癒され、生きる力をもらえるはずである。

そういう意味で、私たちに必要なのは、「話し合い」ではなく、「聞き合い」である。

与えたものは自分に戻ってくる

68

あなたのまわりには、あなたが与えたものを、あなたに与える人が集まる。

愛情を与えたのなら、愛情を与えてくれる人が集まり、憎しみを与えたのなら、憎しみを与える人が集まる。

人間関係は、そのくらいシンプルなものである。

あなたから生み出された波動は、あなたに戻ってくるのである。

だから、受け取りたいものがあれば、先に与えれば良い。そういう貸しを作り、それに喜びを感じられれば、未来の信頼や幸せの貯金がどんどん増えていくはずである。

人間は、自分にしてもらったことは忘れやすいが、自分がしてあげたことは意外に忘れないものだ。

しかし実際のところ、人間はそこまで薄情ではないし、記憶力が悪いわけでもない。

善意なる気持ちで、見返りを求めず、与え続けることができれば、自分のまわりの人間関係は、どんどん豊かなものになっていくはずである。

万華鏡のような視点で、世界を眺めよう

69

よく言われる「相手の立場になって……」を実践することは口で言うほど簡単なことではない。

しかし、本当に相手の立場になって、相手を眺めることができれば、相手への嫉妬や憎しみの気持ちはなくなり、相手に共感し、思いやる気持ちが生まれる。

相手の立場になって、自分を眺めることができれば、自分の傲慢さや独善的な気持ちはなくなり、謙虚な気持ちで相手と接することもできる。

我々に必要なのは、相手へのそんな思いやりと自分への謙虚さである。

眺める対象が同じでも、視点が違えば対象が持つ意味は変わってくる。

万華鏡は、角度を少し変えるだけで、見え方がまったく変わる。

そんな万華鏡のような視点で、世界を眺めることができれば、道端に生えている雑草にさえも薔薇に負けない美しさを見出せるようになる。

自分をゼロに戻す

70

いつの間にか、凝り固まってしまった自分を一度ゼロに戻してみる。自分の内面のキャンバスを真っ白にしてみる。今この瞬間から人生が始まると思ってみる。過去から続く一貫性より、未来に向かうための柔軟性を心がけること。今までの人生の結果だけで、未来の自分の可能性を決めつけてはいけない。生きることとは、変化の可能性があること。その変化の可能性を成長につなげていくのが、人生の目的であると捉えよう。

人生と真剣に向き合い、未来へ向かって歩く過程で、不安を抱くことがあるかもしれない。

しかし、それは沈黙の未来を生きなければならない我々人間の宿命である。不安を抱いたせいで、自らを絶望の中に陥れ、苦しみを味わうこともあれば、不安を抱いたおかげで、希望に満ちた未来を自ら作り出すこともできる。

「せい」から「おかげ」へと不安に対する捉え方を変えるだけで、不安は、絶望や苦しみではなく、希望に変えるための意思や行動の原動力となる。

第8章

組織

人が集まり「群れ」になると、個人は個性を失う

71

人が集まり「群れ」になると、個人は個性を失う。

群れや組織は、個性を嫌う。

組織には組織が作られた目的がある。それは個人のマンパワーなしではなし得ないものである。しかし、個性を持ち合わせた個人と、個人を雇用する組織は衝突しやすい。

だからこそ、組織にはルールがある。組織のルールの中でのみ、個人は個性を発揮することを許される。だが、そのルールの中にいると、自分で考える能力を喪失しやすい。

エマソンが書いたように、世の中の真実と自分の真実がぶつかった時は、自分の真実を優先するくらいの、自己への絶対的な信頼を忘れてはならない。

組織に所属する以上、組織の決定に従うことは仕方のないことではあるが、どんな瞬間においても、自分の意思はどこにあるのかを自問し、極力、それを組織の中でも表現するようにすることだ。

常に、当事者意識を持って、あたかも自分が経営者のように主体的に考え、行動する個でいるように心がけよう。

72

自分の世界を作り出すのは、
自分自身である

自分の人生をほかの誰かが代わりに生きることはできない。

このシンプルで普遍的な真実に気づいた瞬間から、人生で起こる全てのことを、試練や逆境や苦難も含めて、「私のもの」として受け止めることができる。

そして、人生の全てが自分のものになった瞬間、時にやってくる辛い思いや苦しい思いを含めて、全てを甘受《かんじゅ》することができる。

自分の世界を作り出すのは、社会でも組織でもなく、自分自身であるから。

その権限を自分が認めた瞬間、自らの足で人生を歩むことができる。行き先は、心の奥にある魂という名の羅針盤が教えてくれる。

一見すると同じような日常を繰り返しているようでも、毎日起こる全てのことはたった一度きりのこと。

過去のことに固執さえしなければ、人はいくらでも変わることができ、今日という日は、自由自在に生まれ変わる可能性に満ちた一日になる。昨日の後悔や明日への不安に、今日の心を奪われないよう、今この瞬間を生き尽くそう。

勝利を目的とする人生は、必ず行き詰まる

73

受験システムを勝ち抜くためには、予め決められた正解を探し当てるべく、一生懸命に勉強する。

そして、試験を受けて、点数が決まり、他者との優劣が決まっていく。成績が良いと褒められ、成績が悪いと叱られる。

純真で、無邪気で、天真爛漫だった少年少女たちも、いつの間にか、順位づけられ、比較と競争のシステムに組み込まれ、自信は失われ、個性が薄れていく。

しかし、人生は受験システムではない。

人生は他者と競争するものでもない。自分と他者の人生を比較する基準なんてどこにも存在しないからだ。

人生では、勝つことではなく、自分の人生を生きることこそが大切である。

自分ではない誰かに憧れて、その誰かになろうと頑張ったところで、結局は誰にもなれない。しかも、それは自分を苦しめる原因にもなりうる。

忘れないで欲しいのは、人生はこれまでの自分の積み重ねだということだ。自分以外の誰かに憧れるのではなく、毎日全力で生きていれば、自分の人生はきちんと築かれていく。

多数決や声の大きさで
真実が決まるわけではない

74

社会で正論だと大きく叫ばれているものには気をつけたほうが良い。得てして愚かな人の声は大きく、賢い人の声はかき消されやすい。

数を束ねると、たとえそれが愚かな声だとわかっていても、人はそれに流されやすく、自分の考えが揺らいでしまう。

真実とは、声の大きさや多数決で決まるものではない。自分の心の声を信じよう。

みんなが天動説を信じていたあのガリレオの時代のように、人間は大衆になった瞬間に、自分の頭で考えることができなくなってしまう。大衆という固まりの考えは、個の考えを洗脳、扇動しやすいということは、古今東西の歴史が証明している。

人間は、学べば学ぶほど自分の無知に気づく。学ばない無知なる人は、自分が知らないということを知らないので、自分が知っているごく限られた知識からでしか、世の中を眺めることができない。

そういう人の特徴は、物事を断定することであり、やたらと声が大きい。

自分が持っている知性に対する謙虚さを持った時に初めて、知恵は生まれてくるということを忘れないようにせよ。

理解で終わる理解はやめよう

75

思考の伴わない行動は空虚で、行動の伴わない思考は無力だ。

理解は行動のためにある。１００の理解より、１の行動が力強い時がある。

理解したつもりでいるだけで、行動しないのは意味がない。

自問してみるのだ。

自分が理解している中で自分が行動に移しているのはどれくらいなのだろうかと。

理解で終わる理解はやめよう。行動するために理解することを心がけよう。

世の中は、あなたが「何を考えるか」ではなく、あなたに「何ができるか」で評価する。つまり、結果で評価されるのだ。

「結果は行動しなければ手に入らない」と、この瞬間に決意することだ。

結果に至るまでのプロセスや苦労は、人に見せびらかすものではない。そう覚悟した瞬間から、仕事への姿勢と努力の濃度が変わる。同期たちとの競争の世界とは別の次元で成長の角度を高め、成長のスピードを速めることができる。

思考も大事だが、結局のところ、人生を形作り、社会的評価を決めるのは、あなたのとった行動とそれがもたらした結果であることを忘れないことだ。

理想が実現しないのを、
組織のせいにしない

76

誰にでも理想がある。

しかし、理想は、実現する可能性の乏しい、どうせ諦めることになる夢物語と思っている人もいる。

自分がある理想を抱いた時、その理想を雲の上に浮かぶ、掴むことのできない空想として遠くから眺める対象とするか。それとも、その理想を逃さない獲物として捉え、それを確実に捕獲するために、今この瞬間に起こせる行動を考え、実践に移すか。

理想に対する捉え方の違いで、覚悟が変わる。覚悟が変わると、毎日の行動の精度が変わる。

理想を実現できない原因を、得てして組織や社会制度などの外部要因にしがちだ。

しかし、理想が実現できない原因は、外ではなく内にある。

理想を実現できるかどうかは、自分次第ということを再認識することだ。

理想を形にするために、
勇気ある選択と行動を心がけよう

77

勇気を持って生きる人とは、自分の心の声に従って生きる人のことを指し、そうやって心の声に従って生きる人を「勇者」と呼ぶ。

自分の目指す目標や、描く理想を実現するためには、勇気ある選択と行動を起こしていかなければいけない。

もちろん、どんな決断にも、後悔を招く可能性がある。しかし、後悔する可能性のない選択を、決断とは呼ばない。

後悔の可能性を完全に消し去ることはできないが、それでも、生きている限り、決断をしなければならない。

後悔の可能性は受け止め、恐れのない選択はないことを知ること。

決断はそれ自体で、一つの変化であることを自覚すること。

決断することを恐れて、自分が目指すどの道も歩めずに終わってしまうことのないように、勇気を出して決断せよ。

決断する勇気は、まず自分を信じることから生まれる。

78

不完全な環境でも、自分の最善を尽くせ

人は誰しも理想的な環境を望むが、それは幸せの青い鳥を探すようなもので、決して容易ではない。言わば、幻想を追い求めることに近い。

だからこそ心がけるべきは、何らかの形で不満が残る環境でも、そこで最善を尽くせるかどうかである。

もちろん素晴らしい環境を手に入れようとすること自体は大事だ。しかし、その前に自分に問うべきなのは、今の状況で、本当に全力を尽くしたのかどうか。

今の会社で、成長の材料というものを、自分が味わい尽くしたのかどうか。

今の仕事に対して、自分なりに最高の喜びを見出す最善の努力をしてきたかどうか。

仮に不本意な仕事を振られても、意味を見出そうとしていたかどうか。

ルーチンワーク的な地味な仕事の中からも、新しい自分につながる学びを見出していたかどうか。

これらの質問を自分の胸に手を当てて、自らに問うて欲しい。

それができているなら、環境を変えても、より成長した自分に出会える。それができていないなら、環境を変えても、また同じことが繰り返されるだけだ。遠くばかり見て目の前にあるダイヤモンドの原石を磨くことを怠らないようにしよう。

計画の奴隷にならない

79

なぜ、人はわかっていてもなかなか行動を起こせないのだろうか。

その理由の一つに、我々が「計画の奴隷」になっているということがある。

本来、計画というのは、行動を促し、目標を達成しやすくするためにあるが、実際のところは、行動を先送りする言い訳として使われている部分が大きいのではないだろうか。

壮大な目標と長期的な計画は、行動することを阻む二大障壁ではないかとすら、考えてしまう。

目標が壮大すぎると、どこから手をつければ良いか、わからなくなる。

計画が長期すぎると、今すぐ行動を起こさなくても目標達成への支障は小さいと、行動をしない自分を正当化しやすくなる。

計画している間も、時間は刻一刻と過ぎていく。

完璧な計画を立てることよりも、最初の一歩を踏み出すこと、目の前のことに素早く取りかかることのできる人を目指そう。

明日のことを計画することに時間を消費するより、今日できることを今すぐ行動に移せる自分になろう。

夢につながる道は一本とは限らない

80

「自分の夢」の責任者は、もちろん自分である。

私は、夢以上に自分の人生をかける価値のあるものはないと思っている。夢を持ち、その実現に最善を尽くす。それ以外のどうでも良いことに時間を費やすほど人生は、長くない。夢につながる道は一本とは限らない。たとえ今の仕事や、職場の環境が夢から遠いものだとしても、全ての道はどこかでつながるポイントがある。

失敗を恐れて夢を諦めないことだ。夢を追い求めた結果としての失敗は気にしなくても良い。失敗への寛容さを持つことも大切だ。失敗を必要以上に恐れず、むしろ少しつまずくくらいが鍛錬《たんれん》になって良いと自分に語りかけてあげよう。

夢の実現にはリスクが伴う。しかし、それはいつだって取るに値するリスクである。

夢を追い求めるばかりに、結果に対する思い入れが強くなりすぎてしまう人もいる。思い入れが強すぎると、ちょっとした失敗の可能性を恐れるあまり、気持ちが不安と焦りでいっぱいになりかねない。

最善を尽くしたのなら、どんな結果が出ても、胸を張って受け止めれば良い。

夢を追いかける人に求められるのは、人事を尽くして天命を待つ姿勢である。

第9章

人間関係 I

81

自分を犠牲にしてまで、他人の人生を背負わない

自分よりも相手を優先することは、美徳と言われる。

それは文字通り、とても美しい行為であるが、自分の意思を押し殺してまで、相手を優先してしまうこともあるかもしれない。しかし、それがクセになると自分の人生の指揮権さえも他者に委ねてしまいかねない。その時は良いかもしれないが、時間が経って振り返った時に、自分だけが損した気分になったり、相手に不満を持つようになったりする。

だから、自分のことを犠牲にしてまで、他人の人生を背負うことはしないことだ。自分の思考や判断、そして言動が、他者にどう思われるかというのは二次的な問題だ。自分の心に問い、そこから導き出された結論ならば、たとえそれが他者からどう言われたとしても、その結論を貫くべきである。自分の幸せを心から願ってくれる相手なら、いつかは信念を貫くことを応援してくれるはずだ。そうではない相手であれば、あなたがいくら信念を貫こうとも、その人の心には響かないかもしれない。つまり、信念を貫くことで、味方と敵がはっきりしてくる。

「自分を大事に生きる」ということは、心のない外野に嫌われても良いという覚悟を持って、「自分と大切な人のために生きる」ということでもあるのだ。

野良猫であれ

82

生きていて無気力や退屈を感じる時は、本来備わっている野生を失っている時だ。

しかし、我々はそんな魂の抜けた人生を生きるために生まれてきたのではない。自分の心の声よりも、群れのルールや他者の眼差しを意識し、常識に縛られてはいけない。存在の自由よりも、生活の安定を追い求め、世界への価値創造よりも、自分を高く買ってくれる人を探し続ける人生なんか、もはや自分の人生とは言えない。心が喜ぶ方向に自分を成長させてくれる目標を持ち、まずは自分の歩調で歩こう。

他人の歩調に合わせたり、社会的な評価を気にしすぎたりすると、つまずきやすくなる。他人に認められたり、権威ある立場になったりすることは嬉しいことではあるが、それが自分の人生を歩む目的になってはならない。

果たして猫は、自分が血統書付きかどうかを気にしているだろうか。本来、誰もが生まれてきた時は野良猫のようなものだから、従順な羊として飼い慣らされてはいけない。野生を取り戻そう。

そのためにも孤独を極めよう。孤独を愛せると、孤高な存在になれる。

気高い孤高なる野良猫であれ。

孤独≠孤立

83

孤独と孤立は、「孤」という文字は共通するが、意味は全く異なる。

孤立はみんなと一緒にいたいのに、一人で取り残されてしまったことを指す。孤独はみんなと一緒にいることもできるのに、あえて自分一人でいることを選択し、自分自身と真正面から向き合うことである。

ショーペンハウアーは、「天才は社交性に欠ける」という言葉を残した。

自分独自の世界観を持っている人は、自分より精神性の低い人たちと時間を過ごすよりも、自分自身と一緒にいることのほうが満たされるものだ。

もちろん、他者との関わり、社交のなかで得られるものはたくさんある。だから、この孤独と社交を相反するものとして捉えるのではなく、日常の中で両方をうまく配合しながら、相乗させていくことが重要である。

孤独になり自分の内面の世界を理解し、その世界を拡張し深化させていくこと。そして、社交によって他者との対話から学び、他者との愛と優しさ溢れる関係を構築していくこと。

この両方を心がけることで、自己とも、他者とも信頼を築いていけるのである。

84

自分を理解していない大多数の目は、気にするに値しない

ほとんどの人は、あなたに興味がない。残念ながら、それが現実である。しかしそれは、その人たちに悪意があるからではない。あなた自身がそうであるように、人は誰もが、自分のことで精一杯で、自分に一番関心がある。

一見、他者の人生が幸せに満ちたものに見えたとしても、実際のところは、過去の傷や、現在の苦しみ、未来への不安を抱きながら、それでも精一杯に生きているのである。このように、相手のことを自分が思っているよりもわかっていない、ということは少なくない。また自分が思っているほど、相手は自分のことを考えてはくれないと思って良いだろう。

このような現実があるにもかかわらず、我々は他者の目を気にしすぎるあまり、自分の思考や感覚を信じることよりも、他者に媚びる不自然な自分として生きてしまいがちだ。

ほとんどの人が他人に興味がないということは、ほとんどの人の視線を意識する必要はそれほどないとも考えられる。

それよりも我々が気にすべきことは、自分の感覚や自分の心の声に耳を傾けること。そして、それに基づいて自分の日常の言葉を選択し、行動していくことである。

85

自分の中にいる「小さな自分」を大事にせよ

ほとんどの人が自分の心の中で「小さな自分」という存在をずっと放置している。自分の中で、未熟なその小さな自分は、自分の本音の化身とも言える。しかし、見たくないものとして扱われてきたことで、意識の監視の目が届かない無意識の深い暗闇へ逃げ込みながら、肝心な時にだけ表に顔を出し、自分に打撃を与えては、また暗いところに逃げこんでいく性質を持っている。

その存在になんとなく気づいてはいるものの、それとの向き合い方を誰も教えてくれないので、結果的に小さな自分を放置してしまう。

小さな自分は、優しく向き合えば自分の味方になるが、蔑ろにされたら自分の敵になっていく傾向がある。

この自分の中にいる小さな自分を通して本音に気づき、それに関心を寄せ、愛を与え、光を照らすことによって、救われるのは、小さな自分だけではなく、全体としての自分自身でもあることに気づくことができる。これさえできれば、もう一度、あの無邪気で純真な自分に戻ることができ、悔いのない「純度100%」の人生を生きられるはずである。

決断する時に、焦る必要は何もない

86

鏡に映った、自分の目をまっすぐ見てみよう。

もう、他者との比較や他者の視線などは気にしなくて良い。自分の人生の本質的ではないことで自分を消耗させ、時間を無駄にすることはやめよう。これからは自分を、自分の人生を、一瞬たりとも蔑ろにしないことを鏡に映った自分に誓おう。自分の人生に他者の視線を介入させてしまうと、「すべき」という義務感に苛《さいな》まれ、先のことにばかり意識が向いてしまう。

しかし、締め切りなどに追われて焦って下した決断には注意が必要だ。

焦って何かを決めることは、瞬間的なスッキリとした気分を手に入れられるかもしれない。しかしそれは、決断の正しさとは関係ない。むしろ、焦って決めたことは脆《もろ》く、崩れやすいものだ。

大事なことは、判断の保留も含めて、慎重でありながらも、大胆に決めることである。そうして思考を積み重ね、考え抜いて下した決断は、人生の扉を開ける鍵となる。

扉が開いたら、あとは、情熱と愛も持って、自分の生きる全ての瞬間を自分のものにせよ。

Love yourself

87

自分を愛せない人は、他人を愛することができない。

自分を蔑ろにする人や自分と向き合うことを怠けている人は、人生を生きる上でのぶれない自分軸を持つことができない。全てにおいて、主体性を持つことができず、自分の言動がもたらす結果への責任を負うこともできない。そうした主体性や責任感を持たないと、他者からの信頼を得ることもできなくなる。自己愛とは、それほど人生に影響を及ぼす大切なものである。

そして、自己愛は自分だけではなく、人間関係にも影響を与える。自分を愛し、満たされた人は、その自己愛と満足感を土台に、見返りを求めずに、喜びを持って相手を愛することができる。瞬間的な愛ではなく、状況に左右されずに、ただただ愛し続けることができるようになる。そこには自己犠牲感がないため、相手を愛することで、自分が苦しくなることもない。

他者に嫌われても逃げることができるが、自分自身からは逃げることができない。たとえ自分を嫌いになったとしても、逃げ場はどこにもないのだ。その意味からも、自己愛を育むために、自分と向き合うように努めよう。

自己愛、それこそが幸せになる人生の出発点だ。

誰の人生も逆境だらけ

88

人間には、とかく他者の人生をうらやましく思う傾向がある。逆境は自分だけに襲いかかってくると思いがちだ。しかし、誰の人生もよく見てみると、逆境や問題だらけなのだ。

どんなに著名で、どれだけ財力があっても同じである。人生とはそもそも苦難に満ちたとても辛いものなのだ。そうである以上、いかに逆境や困難と向き合っていくかが重要になってくる。それが我々に与えられた宿命であり、また権限でもあるのだ。

逆境の中でこそ、人生の意味ははっきりと見えてくるものだ。逆境は生きる意味を気づかせてくれる神様からのギフトとも言える。

逆境を学びや成長の源泉と捉えることができれば、逆境は幸福や感謝の材料にすらなる。一見、マイナスに思える逆境から逃げずに、それを受けて立つ気概を持つと、人生は好転していく。そして、最終的にどういう結果になっても、起きた出来事から学び、次に活かしていくことができるようになる。

そうした受容や学びの姿勢さえあれば、幸せを感じることができるようになる。

89

子供の頃の純真さを、もう一度取り戻す

子供は、素直に物事を感じ、考え、語り、動くことができる。

一方、大人は、常識・規範・倫理・道徳・社会性という名の下で、五感の発揮を制限され、次第に自ら制限するようになる。それは集団の中に埋没して自立する心を失っていくことを意味する。

大人が子供の純真さを取り戻すためには、五感という感覚を取り戻すことから始める必要がある。全てを脳で処理するのではなく、心や体で感じることを優先すること。

ただし、「子供の純真さを取り戻す」とは、大人の社会性を完全に放棄するということではない。子供は自身の言動がもたらす結果を考えず、欲望に応じた言動に突っ走ったりする。それが結果的に他者の迷惑になることもある。

そういう時、大人なら知の獲得を通して鍛えてきた理性という武器を使いこなすことができる。

最終的に目指すところは、子供の純真さと大人の理性や社会性を補完的に統合した自己を構築することだ。

自分を称賛する人の数だけ、嫉妬する人がいる

90

自分を称賛する人の数だけ、嫉妬する人がいる。

注目を浴びるということは、矢面に立たされ、同時に誹謗《ひぼう》の種を蒔《ま》いていることも忘れてはならない。特に、自分を称賛してくれる人は、実は敵にもなりやすい。

褒められれば褒められるほど、気を引き締める謙虚さを持ちたい。調子に乗って自惚《うぬぼ》れると、足元をすくわれることになる。順調にいっている時こそ、気を引き締めて、謙虚に振る舞うことが大切である。

そして、極力、嫉妬を買わないようにすること。

嫉妬を一番買うのは、見せびらかすことだ。控えめにして、謙虚さを心がけると、嫉妬は最小限に抑えることができ、品格も滲み出てくる。

そうすれば、嫉妬の代わりに、尊敬と拍手が贈られるようになる。

言葉ではなく行動で、過程ではなく結果で語ることができれば、控えめさや謙虚さは、自分という存在をさらに輝かせるスポットライトになる。

第10章

人間関係Ⅱ

91

あなたの犠牲でもたらされた他者の幸せは、いずれ他者の罪悪感に変わる

自分が良かれと思ってやったことが、他者のためになるとは限らない。

相手のために何かをする時には、何かを要求したり、見返りを期待したりすることなく、自分の喜びとして、そっとするくらいが良い。

そしてその際も、自分の善意からくる行動を、本当に相手が望んでいるものなのかどうか、行動を起こす前に一度立ち止まって考えよう。

多くの場合、相手からの要望がない限り、行動は起こさないほうが良い。相手が自らの努力を通じて試練から抜け出すことこそが、相手のその後の人生を生き抜く力になるからだ。

また、あなたが払った犠牲の上でもたらされた他者の幸せは、時間が経つにつれて、他者の罪悪感に変わっていきやすい、ということも考慮する必要がある。それは他者が自ら獲得した幸せではないからだ。

まずは、自分のことに集中せよ。

他人のことは他人に任せれば良い。

自分は自分が決めた道を、他者は他者が決めた道を、歩いていけば良い。

本当の愛とは、相手の存在に対するもの

92

相手のことを本当に大切に思うのなら、「あなたのためだから」という愛の名の下で、自分のエゴを相手に押しつけてはならない。

相手の心や自由意志を相手以上に大切にすることができるかどうか。

恋人から、突然別れを告げられたとしても、それは相手の自由意志であると受け止める覚悟が愛には必要ではないだろうか。

相手の自由意志の領域に、それがたとえ善意だとしても「部屋が散らかっているから、掃除してきれいにしてあげる」などの理由をつけて勝手に立ち入ることは、実は相手の心に土足で踏み込むようなことだ。そのようなことをしない配慮もまた、相手への愛である。

相手の存在に対する愛を心がけよう。

相手がどんな状態でも相手のことを信じ愛することができること。

本物の愛とは、相手に愛されても愛されなくても相手を愛し続けることができる愛ではないだろうか。

愛に条件は不要なのである。

93

他者の視線ではなく、自分の目線で生きる

命がある限り、誰もが自らの存在の不安を抱いている。その存在の不安を緩和し、解消する上でも、他者から承認されたいという欲求を持っている。

しかし、他者から承認されようと意識するあまり、他者の判断基準や好き嫌いを気にするようになり、自分の判断基準や好き嫌いを後回しにしてしまう傾向がある。

他者からどう思われるかという視点を意識しすぎてしまうと、自分の意思を優先して生きることができないため、自然体で生きることができなくなる。

だから、間違っても、他者の自分に対する態度で、自分の自分に対する態度を決めないようにすることだ。

なぜなら、その他者の判断基準や好き嫌いは、気まぐれであり、自分が理想とする姿ではなく、他者が望む自分だからである。

他者の視線で自分の生きるための視線を決めずに、自分らの確固たる信頼と意思を貫く。

すると相手も、自分と同じ視線で、自分を見てくれるようになる。

94

相手がミスを自覚している場合、それ以上、相手を責めてはいけない

あなたが大切に思う人に対しては、自らの正義を押しつけないように注意したい。正しい正しくない、という基準で相手の言動を裁くことのないように、心がけよう。

正義は人によって異なるので、時に対立するが、優しさは対立しない。愛は時に人を傷つけるが、優しさは人を傷つけたりはしない。

世界で起きている戦争のほとんどは、それぞれの正義がぶつかり合った産物なのである。

もしそこに、差異に対する寛容さや人間に対する優しさがあるとしたら、無慈悲な暴力の連鎖が少なくなくなっていくだろう。

人と人の関係が試されているのは、片方がミスをした時である。

たとえば、相手がミスをして、そして、相手がそのミスを自覚している場合は、相手をそれ以上、責めてはいけない。なぜなら、ミスを自覚した時点で、その人は自らを責めているからである。

そういう時は、無言でそっと寄り添う気持ちを持つだけで十分である。

愛と感謝を忘れた時、
愛と感謝が存在しない世界に
連れ戻される

95

人間というのは、調子が良いと、まわりが見えなくなる。物事がうまくいっているのは、自分の実力のおかげだと思い込む。

しかし、人生において、自分一人でできることなんて、たかがしれている。家にこもって、絵を描く画家や、音楽を作る作曲家のような一人で完結する仕事でない限り、何事もいろいろな人の助けがあってこそ、カタチになっていくものである。

人間の調子には、波があり、上がる時もあれば下がる時もある。自分中心の考えでも調子が上がっている時は良いが、一旦、下がり始めると、徳を積んでいない人、感謝の気持ちを忘れた人のまわりからは、人がいなくなっていく。

世界は自分中心に回っていると思うと、その先にあるものは孤立した自分しか存在しなくなる。この世界は、自分が与えたものが自分に返ってくると思ったほうが良い。

愛と感謝が存在しない、全員が孤立した状態の世界を想像してみて欲しい。

そういう世界に連れ戻されないためにも、普段から愛と感謝を忘れないように心がけたい。

96

比較と競争の奴隷をやめて、共存共栄の世界へシフトしよう

比較の奴隷、競争の奴隷にならないことだ。

競争社会では、誰かが勝つと必ず負ける人がいる。そういうゼロサムゲームから抜け出すことだ。みんなが自分のいる場所で、自分の色で、夜空の星のように輝けることが大切である。

自然界に、同じ葉は二つと存在しない。

みんなそれぞれの形を持ち、それぞれの色を持っている。そうした個性が共存した中で、全体的な調和が生まれてくるのが自然界。自然の一部である人間社会もそれが理想ではないだろうか。一番高い山を早く登るために競うのではなく、人それぞれの山がある。自ら選んだ自分の山を自分のペースで登れば良い。それが自分の人生を生きるということだ。

私は人生のある瞬間から、競争することを一切やめた。私の人生の辞書から「競争」という文字は消えた。その瞬間から、心の平穏が訪れ、自分の心の奥にある愛と優しさの泉を見つけることができた。

勝ち負けのゼロサムゲームから抜け出し、与え合い、励まし合い、学び合い、高め合うことで、みんなが勝者になるプラスサムのゲームを始めよう。

アウェイに飛び込むことを恐れない

97

自分を強くするための武器の一つは、自ら勇気を持ってアウェイに飛び込むことだ。

境界を越える。

群れから離れる。

環境を変える。

枠からはみ出す。

方法はさまざまだが、とにかく今いる環境の外側に出てみるのである。

アウェイにいると、自分が本来持っているサバイバル精神に気づくことができる。

アウェイの環境に飛び込むことでしか反応しない自分の内にあるセンサーがある。

アウェイに飛び込んだ当初は、心細さを感じるかもしれないが、そこで一生懸命に努力を積み重ねていくことで、最初はアウェイに感じたところも、徐々にホームへと変わっていく。

それを繰り返していくうちに、自分のホームが増えていく。

未知なものに飛び込むことで、未知なる自分の可能性も広がっていく。

98

別れにも慣れないといけない

出会いがあれば、別れがある。

それが人間社会の鉄則である。

生きていると、別れを経験することがある。そして、その別れのほとんどは、自分の願いに反するものだったり、想定外のタイミングで不意に訪れるものだったりする。

それが我々を悲しませ、苦しませる。

しかし、別れとは、我々がこの世に生まれた時からの約束事のように定められており、避けられないものである。

だから、別れに慣れる必要がある。

別れを過度に悲しまないように心がける必要がある。別れる悲しみを乗り越えて、その人と出会えた喜びと感謝の気持ちを抱くようにしよう。

そして、いつ別れが訪れても良いように、今ある出会いを今まで以上に大切にするように心がけよう。

99

自分の心に浄化装置をつけよう

自分の中に一度汚い水が入っても、それを浄化する能力さえあれば、その水は再びきれいな水になる。

人も水と同じで、きれいな心になるか、汚い心になるかはその人次第。

もし、自分の心に、そうした「浄化装置」のようなものを設置したいと思ったら、時間をかけて、いかなる出会いや事態に直面しても、自分の中できれいに浄化できるようにすることだ。

「浄化の技術」を磨くためには、あらゆる出来事や出会いから美しさを見出せるように自分の心の状態をきれいにしておくこと。そのために、人や物事の美しいところを見つけ、それを言葉にする習慣を持とう。

失敗すると、
本物の友だけが残り、
偽物の友は逃げ去っていく

100

平時に、特に順調な時は、いろいろな人が自分のまわりに群がってくる。その時に、本物の友人と偽物の友人の区別をつけるのは至難の技である。むしろ、偽物の友人のほうが、媚びるのがうまく、甘い言葉でこちらの気分を良くすることに長けているため、好感を覚えやすい。

一方、本物の友人は、くっついて歩くというよりは、いつまでもそばに寄り添う姿勢で、順調が続くことを祈りながら、自立を促すためにそっと見守る。

そのため、注意深く観察しないと、両者を混同する可能性が生まれてくる。

しかし、自分が失敗をすれば、両者の区別はいともわかりやすいものになる。失敗というのは、人脈のリトマス試験紙のようなもので、本物と偽物の区別が一瞬でつくようになるからだ。

つまり、成功すると本物の友よりも、偽物の友のほうが近寄ってくるのだが、失敗すると本物の友だけが残り、偽物の友は早足で逃げ去っていく。

失敗は手痛いものではあるものの、本物の友人だけを残すことで、友情の純度を高め、人間関係を浄化させるという、思わぬ効用があることも覚えておきたい。

カバー・目次・章扉デザイン／奥定泰之
本文DTP／一企画
写真／ｃｉｃａｃｏ

ジョン・キム
作家。韓国生まれ。日本に国費留学。米インディアナ大学マス・コミュニケーション博士課程単位取得退学。中央大学博士号取得（総合政策博士）。ドイツ連邦防衛大学技術標準化部門博士研究員、英オックスフォード大学知的財産研究所客員上席研究員、米ハーバード大学インターネット社会研究所客員研究員、2004年から2009年まで慶應義塾大学デジタルメディア・コンテンツ統合研究機構特任准教授&プログラムマネージャー、2009年から2013年まで同大学大学院政策・メディア研究科特任准教授。2013年からは、パリ・バルセロナ・フィレンツェ・ウィーン・東京を拠点に、執筆活動中心の生活を送っている。
著書に『媚びない人生』（ダイヤモンド社）、『真夜中の幸福論』（ディスカヴァー・トゥエンティワン）、『時間に支配されない人生』（幻冬舎）、『断言しよう、人生は変えられるのだ。』『生きているうちに。』（以上、サンマーク出版）、『「絶望」に声を与えよう。』（きずな出版）などがある。

心《こころ》に従《したが》う勇者《ゆうしゃ》になれ

2019年 3 月20日　初版発行

著　者　ジョン・キム

発行者　吉田啓二

発行所　株式会社日本実業出版社　東京都新宿区市谷本村町 3－29 〒162-0845
大阪市北区西天満 6－8－1 〒530-0047

編集部 ☎03-3268-5651
営業部 ☎03-3268-5161　振　替　00170-1-25349
https://www.njg.co.jp/

印刷／理想社　製本／共栄社

この本の内容についてのお問合せは、書面かFAX（03－3268－0832）にてお願い致します。
落丁・乱丁本は、送料小社負担にて、お取り替え致します。

ISBN 978-4-534-05681-8 Printed in JAPAN